これだけは
知っておきたい！

弁護士による宇宙ビジネスガイド

New Spaceの潮流と変わりゆく法

第一東京弁護士会 編

同文舘出版

はじめに

　本書を手にとられた方には、夜空に輝く満天の星空を見上げながら、宇宙の神秘や可能性に想いを馳せ、宇宙飛行士になって碧く美しい地球を宇宙からみてみたいと願ったことがある方も少なくないことでしょう。

　現在、米民間企業であるSpaceX社によるロケットの打上げ成功や日本発の小型ロケットであるいわゆるホリエモンロケットの打上げチャレンジなど、宇宙にかかわるビジネスには、大きな注目が集まっています。

　これまで、ロケットの打上げや衛星利用などの宇宙活動は、大企業が国家プロジェクトに参画する形で、ビジネスとしてチャレンジしてきました。しかし、近時は、大企業のみならず、日本においてもさまざまな領域において宇宙活動を行うベンチャー企業（New Space）が登場し、民間企業が宇宙ビジネスを推進しています。

　今や、宇宙ビジネスはまさに現実のものとして動き出しているのです。

　本書は、宇宙の専門家ではない学生や一般の方々が、宇宙ビジネスに不可欠な宇宙法のおおよその全体像を把握するための「道しるべ」となるわかりやすい入門書を目指すものであり、齋藤崇弁護士をプロジェクトリーダーとして、第一東京弁護士会総合法律研究所宇宙法研究部会に所属する弁護士のうち39名（およびオブザーバー1名）が執筆にあたりました。

　その背景には、宇宙法自体が非常に新しい分野であるため、宇宙法を概説した書籍はあまり多くはなく、特に、これから宇宙法を学ぼうとする方を対象とした入門書は、ほとんどないといってよい現状があります。

　当部会は、2016年春に水島淳弁護士とともに発案し、野原俊介弁護士をはじめ22名の賛同者を得て、2017年1月に、第一東京弁護士会総合法律研究所内に正式に設置されました。設置後は、毎月入会希望者が増え続け、脱稿日現在、若手弁護士を中心とした約70名の部会員が

所属し、それぞれの専門分野を生かしながら切磋琢磨し、研鑽に努めています。

　本書を、宇宙法を学ばれる「入口」として利用していただければ幸いです。

　なお、本書は、各項目の担当者個人の研究成果に基づく文責にかかっており、第一東京弁護士会や部会員が所属する各法律事務所・団体などの統一した見解ではないことを申し添えます。

　本書の執筆にあたり、平素から当部会へのご指導をいただいている青木節子慶應義塾大学教授、中須賀真一東京大学大学院教授、奈良道博弁護士（元第一東京弁護士会会長）、澤野正明弁護士（前第一東京弁護士会会長）、辺見紀男弁護士（元第一東京弁護士会副会長）、中西和幸弁護士、帯へのコメントを快く引き受けていただきました山崎直子様（元宇宙飛行士）、差込写真などさまざまなご高配をいただきました郷田直輝教授はじめ国立天文台の皆様、UNISEC（大学宇宙工学コンソーシアム）川島レイ様にこの場を借りて厚く御礼を申し上げます。

　また、裏方として事務作業を一手に担った伊豆明彦弁護士、木村響弁護士、田代夕貴弁護士、山本峻暢弁護士のハードワークなくして刊行できませんでした。

　最後に、宇宙ビジネスや宇宙法が日々進歩しているなかで、このようないわばチャレンジともいえる企画を後押しいただき、出版に向けてご尽力いただいた同文舘出版株式会社の青柳裕之様と有村知記様にも心から感謝申し上げます。

2018年7月

　　　　第一東京弁護士会　総合法律研究所　宇宙法研究部会部会長
　　　　　　　　　　　　　　　　　　　　弁護士　高取由弥子

目　次

はじめに　i

序章　広がる宇宙ビジネスと法

- 序章-1 >>>>>> **宇宙ビジネスの拡大** ────── 2
- 序章-2 >>>>>> **宇宙ビジネスの類型①** ────── 4
  - 1　宇宙ビジネスの広がり　4
  - 2　人工衛星・ロケット製造および打上げ　4
  - 3　軌道上の人工衛星　4
- 序章-3 >>>>>> **宇宙ビジネスの類型②** ────── 6
  - 1　国際宇宙ステーション等の軌道上有人活動　6
  - 2　軌道上サービスなど宇宙空間活動　7
- 序章-4 >>>>>> **宇宙法の利害関係者と宇宙法の重要性** ────── 10
- 序章-5 >>>>>> **宇宙ビジネスと国・公的機関** ────── 12
- 序章-6 >>>>>> **宇宙とは** ────── 14
  - 1　宇宙の定義　14
  - 2　宇宙にあるものの位置関係　15

第1章　人工衛星・ロケットの打上げ

- 第1章-1 >>>>>> **人工衛星・ロケットの打上げの概要** ────── 18
- 第1章-2 >>>>>> **打上げの実務** ────── 20
  - 1　増大する小型衛星の打上げニーズ　20
  - 2　超小型ロケットの開発競争　20
- 第1章-3 >>>>>> **打上げ契約の留意点** ────── 22
- 第1章-4 >>>>>> **射場の設置と関連産業保護の調整** ────── 24
- 第1章-5 >>>>>> **損害賠償と補償** ────── 26

第2章 人工衛星の活用

- 第2章-1 人工衛星活用の概要 ―― 32
- 第2章-2 人工衛星の購入・利用 ―― 34
  - 1 人工衛星の購入 34
  - 2 人工衛星の利用 35
- 第2章-3 人工衛星の国際的管理 ―― 36
- 第2章-4 通信衛星 ―― 38
- 第2章-5 衛星放送 ―― 40
  - 1 衛星放送とは 40
  - 2 関連する法律 41
- 第2章-6 衛星リモートセンシング① ―― 44
- 第2章-7 衛星リモートセンシング② ―― 46
  - 1 「データの著作権」とは 46
  - 2 衛星データの著作権 46
  - 3 著作権の制限 47
- 第2章-8 測　位 ―― 48

第3章 有人ステーション・有人宇宙旅行

- 第3章-1 有人ステーション・有人宇宙旅行の概要 ―― 52
  - 1 有人ステーション 52
  - 2 有人宇宙旅行 53
- 第3章-2 ISSとは ―― 54
  - 1 ISSとは 54
  - 2 ISSの構成 54
  - 3 ISS計画の歴史 54
  - 4 ISSへの宇宙飛行士の滞在 55
- 第3章-3 ISSでのビジネス活動 ―― 56
- 第3章-4 サブオービタル（宇宙旅行） ―― 58

1 サブオービタル旅行とは　58
2 サブオービタル旅行への法的規制　58
3 世界初のサブオービタル旅行　59

第4章 軌道上サービス

第4章-1 軌道上サービスの概要 ── 64
第4章-2 デブリ除去 ── 66
第4章-3 軌道上サービス ── 68

第5章 宇宙資源探査その他の宇宙ビジネス

第5章-1 宇宙資源探査その他の宇宙ビジネスの概要 ── 74
第5章-2 資源開発 ── 76
第5章-3 その他の宇宙ビジネス ── 78
　1 宇宙ホテル：間近に迫る旅行者向け宇宙ホテル開業　78
　2 宇宙活動を加速度的に発展させる宇宙エレベーター　78
　3 宇宙葬：神秘的で壮大な冠婚葬祭　79
　4 流れ星やその他の拡がる宇宙ビジネスへの期待　79

第6章 周辺産業

第6章-1 周辺産業の概要 ── 84
第6章-2 宇宙ファイナンス① ── 86
第6章-3 宇宙ファイナンス② ── 88
　1 プロジェクト・ファイナンス　88
　2 アセット・ファイナンス　89
第6章-4 宇宙ファイナンス③ ── 90

| 第6章-5 | 宇宙保険 ———————————————————— 94
| 第6章-6 | 宇宙とサイバーセキュリティ ————————————— 96
| 第6章-7 | 他産業との関連 ——————————————————— 98
 1 宇宙関連技術の他産業での活用　98
 2 他産業の技術の宇宙産業での活用　99

第7章 国際的ビジネスとしての法的視点

| 第7章-1 | 宇宙活動自由の原則と国際公益 ———————————— 102
 1 国際公益とは何か　102
 2 宇宙条約における「自由」と「公益」　102
 3 スペース・ベネフィット宣言─協力と競争（市場原理）の調和　103
 4 国際ビジネスの視点から　103
| 第7章-2 | 宇宙活動と知的財産権 ————————————————— 106
 1 特許でみる宇宙関連企業　106
 2 宇宙空間と知的財産権　106
| 第7章-3 | 安全保障貿易管理 ——————————————————— 108
| 第7章-4 | 宇宙環境保護 ————————————————————— 110
| 第7章-5 | 宇宙の平和利用 ———————————————————— 112
| 第7章-6 | 紛争解決 ——————————————————————— 114
| 第7章-7 | 宇宙活動と政治 ———————————————————— 116

第8章 国際宇宙法

| 第8章-1 | 国際宇宙法の構造 ——————————————————— 120
 1 宇宙のルール＝国際宇宙法　120
 2 国際宇宙法の構造　120
 3 国際宇宙法形成の動向　121
| 第8章-2 | 国際的機関の概要 ——————————————————— 122
| 第8章-3 | 国際宇宙法の歴史①宇宙条約 —————————————— 124

第8章-4 »»»»» **国際宇宙法の歴史②宇宙関連条約** ──────── 126
第8章-5 »»»»» **国際宇宙法の歴史③ソフトロー** ──────── 128
 1 条約策定の難しさ 128
 2 条約に代わるソフトロー 128
 3 ソフトローの具体例 129
第8章-6 »»»»» **各国の法制動向** ──────────────────── 130

第9章
日本の宇宙法

第9章-1 »»»»» **日本の宇宙法の概観** ──────────────── 136
第9章-2 »»»»» **日本の宇宙政策の歴史** ─────────────── 138
第9章-3 »»»»» **日本の宇宙機関（JAXA）の概要および役割** ─── 140
 1 JAXA の概要 140
 2 JAXA の役割 140
 3 JAXA の今後の取組み 141
第9章-4 »»»»» **日本の官公庁の概要および役割** ─────────── 142
第9章-5 »»»»» **宇宙基本法および宇宙基本計画** ─────────── 144
第9章-6 »»»»» **宇宙産業ビジョン2030**
     ―第4次産業革命下の宇宙利用創造― ──── 146
 1 宇宙産業ビジョン 2030 の制定 146
 2 宇宙産業ビジョン 2030 の概要 146
 3 今後想定されている工程と宇宙産業ビジョン 2030 147
第9章-7 »»»»» **宇宙活動法** ────────────────────── 150
 1 宇宙活動法の概要 150
 2 宇宙活動法制定の背景 150
 3 宇宙活動法が規定する諸制度の内容 150
第9章-8 »»»»» **衛星リモセン法** ───────────────────── 152
 1 衛星リモセン法 152
 2 規制の内容 152

おわりに 156

 **コラム一覧**

宇宙法のハブ	9
スターウォーズとスタートレック	16
宇宙エレベーターの歩み	28
宇宙天気	42
宇宙技術と災害利用	50
宇宙飛行士になるには	60
隕石について	70
技術とロマンを乗せて飛ぶはやぶさ	80
宇宙食・宇宙日本食	92
宇宙の謎に挑む国立天文台	100
宇宙関連技術の活用と規制改革	105
アニメの中の宇宙ビジネス	118
惑星の命名	132
シリコンバレーでも注目度の高まる日本の宇宙系スタートアップ	149
学生たちの熱き宇宙開発〜宇宙科学技術立国の原動力〜	154

これだけは知っておきたい！
弁護士による
宇宙ビジネスガイド
〜 New Space の潮流と変わりゆく法〜

序章
広がる宇宙ビジネスと法

【写真】1981年4月、初の打ち上げに成功したスペースシャトル「コロンビア号」〔写真提供＝NASA〕

序章-1
宇宙ビジネスの拡大

近年、宇宙産業の市場規模は急拡大しており、また、宇宙以外のさまざまな産業に波及しています。

たとえば、世界の人工衛星関連の市場は約29兆円（下図）、宇宙ICT（情報通信技術）市場の規模は約37兆円にも上るといわれており、かつ、今後さらに市場規模は拡大していくといわれています。

20世紀後半における冷戦下の宇宙開発競争時代から、ロケット、通信衛星、地球観測衛星、測位衛星の開発や技術革新は連綿と続けられてきました。しかし、2000年以降、「New Space」といわれる宇宙の新たなビジネスの流れが生まれました（序章-4参照）。そのなかで、従来から宇宙産業を牽引していた大企業に加え、宇宙産業分野に多数のベンチャー企業が出現し、それまでみられなかったタイプのビジネスモデルが出てきています。近年その流れはさらに加速しており、たとえば、世

■ 世界の人工衛星関連の市場

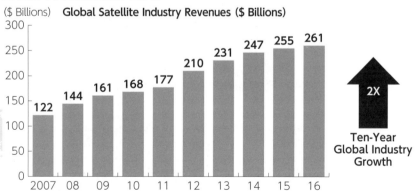

出所：2017 SIA State of Satellite Industry Report, SIA

界規模でみた宇宙関連ベンチャー企業への投資額は、2014年まで100億円から200億円程度で推移していましたが、2015年には約2,000億円に急上昇し、2016年以降もそのトレンドは続いています。

　この背景には、①ロケットの軽量化・再利用化などによる打上げコストの低減による宇宙へのアクセスコスト低下、②小型衛星の商用化と大量打上げ実現による衛星の利用環境の汎用化、③AI、ロボティクス、データ解析等の周辺技術の発展にともなう新たな付加価値ビジネスの可能性の拡大などが寄与しているといわれています。

　このような流れにともなって、宇宙ビジネスはすでに宇宙のなかで閉じた産業分野から、宇宙以外のビジネスへも広がりのある産業分野になってきています。たとえば、IoT（Internet of Things）の文脈では、自動車や船舶を衛星による通信でつなげることにより付加価値を提供する取組み（いわゆるコネクティビティ）が提唱されています。農水産業や海運・流通業では、衛星リモートセンシング（第2章-7、6参照）によって得られたデータの活用による業務効率化や付加価値の提供が行われています。それにともない、これまで宇宙事業をてがけていなかった企業が宇宙ビジネスへの参入や投資を急速に拡大し、また、新たに宇宙の技術やサービスを自らのビジネスにおいて利用しはじめています。

　欧米各国をはじめとする世界各国の政府は、このような技術革新、市場の発展、産業の動きをとらえ、宇宙産業の振興のためにさまざまな施策や立法を積極的に進めています。我が国でも、2016年に「宇宙二法」と呼ばれる国内史上初の宇宙ビジネス法である通称「宇宙活動法」や「衛星リモセン法」が成立しました（第9章-7、8参照）。また、内閣府宇宙開発戦略推進事務局は今後の宇宙産業における目標や施策の大方針を定めた「宇宙産業ビジョン2030」を発表しています（第9章-6参照）。

　このように、宇宙産業は、すでに十分な市場性のある現実の産業として、かつ、さまざまなアプローチで立ち上がりつつあるのです。

〔水島淳〕

序章-2 宇宙ビジネスの類型①

1 宇宙ビジネスの広がり

　序章-1のとおり、現在、宇宙ビジネスは急速に広がりをみせており、さまざまな類型のビジネスが考えられています。最近、米国Amazon社CEOのジェフ・ベゾス氏が、月拠点開発等の計画を明らかにしました[1]。今や、宇宙ビジネスは、さまざまな民間企業が積極的に取り組むものになっており、これにともない、宇宙ビジネスも多様化し、拡大してきています。

2 人工衛星・ロケット製造および打上げ（第1章参照）

　新しい宇宙ビジネスが発展している背景には、人工衛星・ロケットの製造・打上げ技術の進化や製造・打上げの合理化により、人工衛星・ロケットの低コスト化・小型化が実現されたことが挙げられます。人工衛星については、部品コストの削減[2]、仕様の共通化・汎用化[3]などにより、その製造コストが低減されています[4]。また、ロケットについては、たとえば、米国SpaceX社は、ロケットの再利用により、1機あたり100億円前後の打上げコストを6,200万ドル[5]（約66億円）まで引き下げることに成功したといわれています[6]。

3 軌道上の人工衛星（第2章参照）

(1) 衛星通信

　衛星通信は、映画・スポーツなどの衛星放送の放映[7]の他、政府機関や地方公共団体、電気・ガスなどのライフラインを提供する企業の通信インフラとしても利用されています[8]。また、最近、衛星通信を利用して、飛行中の航空機内でもWi-Fiに接続できるサービスが提供されています[9]。

(2) 測位（第2章-8参照）

　衛星を使った測位は、衛星との距離を測定することにより位置を特定するシステムを利用します。米国のGlobal Positioning System（GPS）も、この測位衛星システムのひとつです。測位を用いたビジネスとしては、カーナビゲーションシステムやグーグルマップ等の地図サービスが最もよく知られ、また、測位衛星の信号は、時刻情報を含んでいるため、この特性を活用して、文書の成立時を確定するタイムスタンプ事業なども展開されています[10]。

(3) 衛星リモートセンシング（第2章-6、7参照）

　衛星リモートセンシングは、人工衛星を用いて、軌道上から地球やその大気を撮影することをいいます。人工衛星から撮影した画像は、気象観測や地図サービスでも利用されており、たとえば、気象衛星である「ひまわり」から撮影した画像は、天気予報でも目にすると思います。リモートセンシングは、最近日本でも法整備がなされ[11]、さらに注目されています。

(4) 衛星コンステレーション

　人工衛星・ロケットの低コスト化・小型化により、複数の小型衛星・超小型衛星を一体として連携・運用する衛星コンステレーションという手法を用いることで、より高速のインターネット通信や精度の高い測位等のサービスを提供するというプロジェクトも増加してきています。　〔鍋島智彦〕

注 >>>>>
1) https://techcrunch.com/2018/05/27/jeff-bezos-details-his-moon colony-ambitions/
2) たとえば、中須賀新一東京大学大学院教授による取組みが参考になります。(https://www.t.u-tokyo.ac.jp/shared/press/data/setnws_20180221135149577096 3444_207260.pdf)
3) 齊田興哉『宇宙ビジネス第三の波―NewSpaceを読み解く―』81頁（日刊工業新聞社、2018年）。
4) 従来、数十億円程度かかっていた開発コストが、小型衛星であれば、数億円程度まで下がってきているものもあります。
5) http://www.spacex.com/about/capabilities
6) 佐藤将史・八亀彰吾「NRIパブリックマネジメントレビュー」6頁（August 2016 vol.157）。
7) 日本の衛星通信事業者としては、「スカパー！」という多チャンネル放送を展開するスカパーJSAT株式会社などがあります。
8) https://www.sptvjsat.com/business/satellite/
9) たとえば、全日本空輸株式会社および日本航空株式会社などの取組みがあります。
10) 小塚荘一郎、佐藤雅彦『宇宙ビジネスのための宇宙法入門（第2版）』257頁（有斐閣、2015年）。
11) 2017年11月15日から施行された「衛星リモートセンシング記録の適正な取扱いの確保に関する法律」。

>>>>>> 序章-3 >>>>>>
宇宙ビジネスの類型②

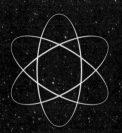

1 国際宇宙ステーション等の軌道上有人活動（第3章参照）

(1) 軌道上への有人輸送について

　軌道上で有人活動を行うためには、まず、宇宙に人員を輸送しなければなりません。有人飛行のために利用されていたスペースシャトルは、2010年から退役が開始され、2011年7月までにすべてのオペレーションが終了しました[1]。スペースシャトルの後継機については、米国航空宇宙局（National Aeronautics and Space Administration、通称NASA）が「オリオン」[2]を開発している他、SpaceX社の「ドラゴン」[3]など、民間企業が開発しているものもありますが、現時点では、これらはまだ実用化されていません。現在では、国際宇宙ステーションへの有人の往復は、ロシアが打上げを担当するソユーズを用いて行われています[4]。

(2) 国際宇宙ステーションでの有人活動について

　また、国際宇宙ステーションでは、宇宙空間の微少重力、高真空、宇宙放射線といった宇宙環境を利用した実験も行われています。国際宇宙ステーションの日本実験棟「きぼう」では、科学利用、応用利用、宇宙医学・有人宇宙技術開発、船外利用および人文・社会科学の分野で実験テーマが集約され、各種実験が実施されています[5]。さらに、宇宙航空研究開発機構（第9章-3参照、通称JAXA）は、「きぼう」の有償利用として、たとえば、高品質タンパク質結晶生成実験や超小型衛星の放出機会提供といった実験サービスも提供しており[6]、この制度を活用して、新素材、新医薬品、通信技術の技術革新等、産業の成長に寄与することも期待されています。

2 軌道上サービスなど宇宙空間活動（第3章、第4章参照）

(1) スペースデブリ除去

スペースデブリ（宇宙ゴミ）除去というと、スペースデブリ回収ビジネスを題材とした「プラネテス」というコミック・アニメがあり、これをイメージされる方もいらっしゃるかもしれませんが、最近では、スペースデブリ除去は、現実の問題になりつつあります。

宇宙空間には、使われなくなった人工衛星・ロケットやその破片といったスペースデブリが多数存在しており、軌道がわかっているものだけでも8,000個程度あり[7]、1cmを超えるものが数十万個以上とも、それ以下のものも含めると100万個以上ともいわれています[8]。スペースデブリは、高速で移動しており、他の人工衛星・ロケット、国際宇宙ステーションなどに衝突すると損傷し、また、人命に関わる可能性もあるため、スペースデブリ除去ビジネスも考えられています[9]。たとえば、株式会社アストロスケールは、スペースデブリ除去サービスの開発により、長期的な宇宙飛行の安全性を確保することを目指す初の民間企業であり[10]、JAXAともスペースデブリ除去技術に関する共同研究を行う等[11]、スペースデブリ除去技術の確立および商用化を進めています。

(2) 宇宙旅行

宇宙空間の旅行というと、地球の軌道周回旅行や、月・火星等の地球以外の衛星や惑星への旅行を想像することがあると思います。国際宇宙ステーションへの旅行に関しては、ロシアのソユーズを活用して、今までに合計7名の民間人が国際宇宙ステーションを訪れました。その他は、たとえば、無重力環境を体験できる放物線飛行を行う弾道飛行タイプの準軌道（サブオービタル）宇宙旅行は、米国Blue Origin社[12]や米国Virgin Galactic社[13]等が、現在、商用化を進めています。

〔鍋島智彦〕

注 >>>>>
1) http://iss.jaxa.jp/shuttle/
2) http://spaceinfo.jaxa.jp/ja/orion_crew_vehicle.html
3) http://www.spacex.com/dragon
4) ジョアンヌ・イレネ・ガブリノヴィッツ著、青木節子訳「米国宇宙法の発展と三つの長期的課題（翻訳）―最初の半世紀を振り返って―」85頁（慶應義塾大学法学研究会編『法学研究』第84巻8号、2011年）。
5) http://iss.jaxa.jp/kiboexp/field/
6) http://iss.jaxa.jp/user/opp/index.html
7) スペースデブリ等の発見や観測を行う施設として、美星スペースガードセンターがあります（http://www.spaceguard.or.jp/BSGC/debris/debris.html）。
8) 石田真康『宇宙ビジネス入門―NewSpace革命の全貌―』80頁（日経BP社、2017年）。
9) 齊田興哉『宇宙ビジネス第三の波―NewSpaceを読み解く―』83頁（日刊工業新聞社、2018年）。
10) http://astroscale.com/about
11) http://www.jaxa.jp/press/2017/09/20170912_elsa-d_j.html
12) https：//www.blueorigin.com/new-shepard
13) http://www.virgingalactic.com/learn/

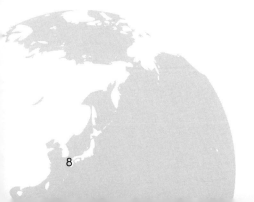

コラム

宇宙法のハブ

　「第一東京弁護士会に宇宙法研究会を作ろう」、そう思いついたのは、2016年3月に開催された慶應義塾大学宇宙法研究センター第7回宇宙法シンポジウムの会場で、偶然、司法研修所で同期同クラスだった水島淳弁護士と再会したことに始まります。

　慶應義塾大学宇宙法研究センターは、宇宙活動の規模拡大、関連技術開発や商業化の一層の促進が予想される状況に鑑み、同大学で国際法および宇宙法研究を専門領域とする研究者グループを中心に、JAXAの協力を得て、分野横断型の研究拠点として2012年4月に開設されました。その目的は、①宇宙活動における諸問題に対する法的視点からの検討と対処方法の提案、②日本における宇宙法研究水準の向上、③宇宙法分野における実務家および研究者の養成への寄与、④アジアにおける宇宙法分野の能力開発への貢献とされ、当部会にもご指導いただいている青木節子慶應義塾大学教授が副センター長を務められています。

　宇宙法は生成途上であり、また国際宇宙法が非常に早い速度で進展しているため、宇宙ビジネスの国際的な動向だけでなく、国際的な議論の場における各国の提案など最新の情報を収集することが重要になります。

　そして、我が国において、これらの知見は、現在、同センターに集約されているといっても過言ではなく、JAXAとの共同研究の成果などが発表される宇宙法シンポジウムは、年に数回開催されています。

　2017年1月に第一東京弁護士会総合法律研究所内に設置された宇宙法研究部会も、同センターを目標に、弁護士実務家として宇宙法の生成・発展に寄与する「宇宙法のハブ（拠点）」となりたいと考えています。〔高取由弥子〕

参考文献等 >>>>>
- 慶應義塾大学宇宙法研究センターウェブサイト（http://space-law.keio.ac.jp/、最終閲覧日2018年7月13日）
- 青木節子「宇宙法分野における慶應義塾大学とJAXAの連携活動：最初の5年を振り返って」（2016年3月）「人文・社会科学研究活動報告集：2015年までの歩みとこれから」宇宙航空研究開発機構特別資料 JAXA-SP-15-017 宇宙航空研究開発機構（JAXA）

序章-4
宇宙法の利害関係者と宇宙法の重要性

序章　広がる宇宙ビジネスと法

　冷戦下の米ソの宇宙開発競争は、1969年に米国による人類初の有人月面着陸という偉業をもたらしました。

　日本では1970年に初めて国産ラムダロケットで人工衛星の打上げに成功し、我が国は世界で4番目の人工衛星打上げ国に仲間入りしました。

　20世紀はまさしく人類が宇宙への大きな一歩を踏み出した時代であり、その歴史的経緯から、宇宙開発の主役は国家でした。米国航空宇宙局（NASA）は宇宙開発・宇宙科学を担う独立した行政機関です。

　現在、日本では、宇宙基本法に基づいて内閣に宇宙開発戦略本部が設置され、内閣府宇宙開発戦略推進事務局を中心とした文部科学省・経済産業省・総務省など関係省庁が分掌して政府全体の宇宙政策に従った宇宙開発利用に取り組んでいます。また、内閣府には専門家による宇宙政策委員会が設置され、人工衛星の開発や打上げなど多様な業務を担う宇宙航空研究開発機構（JAXA、第9章-3参照）には宇宙政策を実現する役割もあります。

　加えて、大学の宇宙航空工学系学部をはじめとする研究機関も、各種基礎研究や人材育成などの一角を担っています。

　世界に目を向けると、ここ数年、「New Spaceの潮流」が巻き起こっています。New Spaceの明確な定義はありませんが、一般的には、宇宙ベンチャー企業や新たな宇宙ビジネスを指し、これに対してOld Space（Legacy Spaceともいわれます）は大企業や往年の宇宙開発などを指す際に用いられています。

　今後、New Spaceの台頭によるオープンイノベーションが「官から

民へ」と移行することで大きな時代のうねりとなり、社会経済の発展を牽引していくことになるでしょう。

　このように多様な利害関係者がいる宇宙開発利用には「宇宙法」による規制があります。

　「宇宙法」は大別すると国際宇宙法と各国の国内宇宙法からなります。

　国際宇宙法としては、国連の宇宙空間平和利用委員会（COPUOS）で起草された宇宙条約・宇宙救助返還協定・宇宙損害責任条約・宇宙物体登録条約・月協定といったいわゆる「宇宙5条約」に加え、ソフトローと称されているCOPUOSで作成された各国際文書も非常に重要な位置付けにあります（第8章-3、4参照）。

　他方、近年、2015年の米国の商業宇宙打上げ競争力法（通称宇宙法・Spurring Private Aerospace Competitiveness and Entrepreneurship Act of 2015）に代表されるように、宇宙産業振興の観点から、世界各国において民間宇宙活動に関する国内宇宙法の整備が進んでいます。日本でも、2016年に通称「宇宙活動法」と「衛星リモセン法」（第9章-7、8参照）が成立しており、今後さらに民間の宇宙活動が加速化することが想定されます。

　民間の宇宙活動の特殊性としては、打上げロケットの落下や人工衛星同士の衝突、スペースデブリ問題等、その過程で万一事故が発生した場合の損害が甚大なものになる点が挙げられています。また、宇宙ビジネスの場合、その性質上、市場が特定の一国ではなく世界全体となることも多いため、他国企業との取引が頻繁に行われるという特徴があります。

　こうしたなかで、宇宙活動をめぐる法律問題が生じることになりますが、その内容が複雑多岐にわたるため、既存の権利との調整、資金調達、保険や知的財産など幅広い法律問題に対する理解が必要となるとともに、「宇宙法」の理解の重要性は今後ますます高まっていくでしょう。

〔高取由弥子〕

>>>>>> 序章-5 >>>>>>
宇宙ビジネスと国・公的機関

もともと国家主導で行われてきたという宇宙開発の性質から、宇宙に関しては、産業という側面においても国・公的機関が重要な役割を果たしてきました。宇宙産業は、国が自ら宇宙開発を進めるなかでの技術の蓄積、あるいは、一部の機能の民間委託のなかで生まれています。

しかし、時代の流れとともに、民間企業がより自主的な活動を行うようになり、また、特に近時、多数のスタートアップ企業が出現するなどして、宇宙産業における官と民の関係性は変容を続けています（下図参照）。

たとえば、欧米では衛星データ利用の分野などでアンカーテナンシーや官民パートナーシップ契約（PPP/Public Private Partnership）などによる官民連携が進んでいます。さらに進んで、純粋な民間需要に対する民間企業による打上げサービス提供なども行われはじめています。

アンカーテナンシーとは、政府が民間に対して一定の製品等の調達を補償する（いわば継続的な購入を約束する）ことをいいます。民間企業としてはその限りでは安定収入を見込めることになるので、アンカーテ

■ **宇宙産業における官民の役割分担**

フェーズ	定　義	各国のポジション
第1期	国の資金で国家機関が宇宙開発を実施	
第2期	国の資金で国の機関が一部民間の手を借りて実施	日本
第3期	国の資金で民間がロケット・衛星を開発・運用	欧州
第4期	民間が民間の投資で衛星・ロケットを開発・運用し、政府はそのサービスを購入	米国

出所：筆者作成

ナンシーには民間の産業基盤を安定させる効果があるといわれています。たとえば、アメリカでは、政府が民間企業からの衛星画像の長期購入契約を結んだことで、衛星画像を取り扱うデジタルグローブ社の成長など衛星画像の産業の基盤が強化されてきたといわれています。

官民パートナーシップ契約は、PFI（Public Finance Initiative）がその典型で、PFI とは公共サービスの調達に際して民間部門の資金を活用する仕組みをいいます。

我が国においても、宇宙産業においては、政府や宇宙航空研究開発機構（JAXA）によるプロジェクトを民間企業が受託し、納品・サービス提供するという形態が長らくの主流でした。しかし近時は、JAXA・株式会社アクセルスペース間の衛星データインフラを利用した地球規模の課題の解決等に関する相互連携や、JAXA の国際宇宙ステーションきぼうモジュールからの超小型衛星放出事業の民間事業化など、単純な受発注を超えた官民の取組みの事例も出てきています。

また、2011 年に民間資金等の活用による公共施設等の整備等の促進に関する法律（PFI 法）が改正され、人工衛星の調達での PFI の活用が可能となり、さまざまな人工衛星の調達に用いられてきました。さらに、我が国でも、アンカーテナンシーを待望する声もあります。

そのほか、日本政府は、2016 年に宇宙に関連する新規ビジネス創出に関心を持つ企業・個人等のネットワーキング組織として「スペース・ニューエコノミー創造ネットワーク（S-NET）」を創設し、また、2017 年から宇宙利用ビジネスのアイデアコンテストである「S-Booster」を、2018 年から宇宙ビジネス投資マッチングプラットフォームである「S-Matching」を立ち上げるなど、民間主導の形での宇宙産業の更なる発展や促進を支援する活動を行っています。

このように、宇宙産業における国・公的機関の重要性は依然として変わらないものの、民間企業が果たす役割の重要性は年々高まってきています。

〔水島淳〕

序章-6
宇宙とは

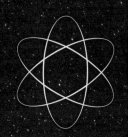

1 宇宙の定義

「宇宙」には日本法および国際法上の定義がありません。1957年10月4日、ソビエトが人類初の人工衛星であるスプートニク1号を打ち上げた際に、危機感を覚えた各国はこぞってスプートニク1号が領空侵犯しているとの議論をしました。これを受けて、1958年に発足した国連宇宙空間平和利用委員会（COPUOS）が宇宙空間の境目を検討したものの、明確な線引きには至りませんでした。そして、COPUOSにより採択され1967年に発効した宇宙条約2条は、月その他の天体を含む宇宙空間（Outer space）について、国家による領有の禁止を明記しました。つまり、宇宙には国家主権が及ばないのです。そうすると、宇宙の下限を決めてしまえば国家主権が及ぶ領空を制限することと同義になりますので、国家間のコンセンサスで宇宙を線引きすることは難しくなります。

また、領空の外が宇宙だと考えることもできません。「領空」とは領土と領海の上空をいい、1903年にライト兄弟が初の有人飛行を成功させたことにより、それまで領土・領海と平面的にしか考えられてこなかった国家領域に追加されたものです。そのため、当初からその上空の線引きをすることはあまり考えられておらず、現在でもその上限は未確定です。

現在は、国際航空連盟（FAI）という民間団体が定めたカーマン・ライン（Kármán line）に従って、海抜高度100km超を宇宙空間とするのが実務上の慣習といえます。とはいえ、アメリカ連邦航空局（FAA）では高度80km以上が宇宙とされているなど、国際的にこの定義が一致

しているわけではありません。

　宇宙の境界が定められないとしても、領海外の公海の利用方法には国連海洋法条約などの定めがあることと同様に、領空外の宇宙の利用方法は規律できます。そこで、宇宙条約が宇宙の平和的探査・利用を定めるなど、宇宙を主に利用方法の側面から規律する方法が用いられています。もし空間的に宇宙の境界を定めてしまえば、宇宙事業を行う国や民間事業者は、打上げや帰還時に領空侵犯の可能性を厳密に避ける必要が生まれてしまい、宇宙開発を停滞させるおそれもあります。そのため、現時点では、宇宙を空間的に定義するよりも、平和的探査・利用といった必要に応じたルールを作ることが肝要ともいえるでしょう。

2　宇宙にあるものの位置関係

　現在の地球周辺の宇宙空間には、宇宙船、人工衛星、国際宇宙ステーション（ISS）のみならず、いわゆる宇宙ゴミであるスペースデブリや隕石など多くの物体が存在します。

　スペースデブリは、地上に落下するか、地上に落下しない程度の高度の軌道上に広く散乱していますが、その他の物体の地表からのおおむねの距離は、以下のとおりです。

- 航空機　　　：10km
- 宇宙船やISS　：400km
- 地球観測衛星　：600〜800km
- GPS衛星　　　：20,000km
- 静止衛星　　　：36,000km
- 月　　　　　　：384,000km

〔山本峻暢〕

コラム

スターウォーズとスタートレック

　宇宙をテーマにした物語、映画、ドラマ、漫画の名作は枚挙にいとまがありませんが、「スターウォーズ」と「スタートレック」ほど幅広い世代に有名なものはないといえるでしょう。

　両作品は宇宙ビジネスや宇宙法の世界でも大きな存在感を示しています。宇宙ビジネス関係者で両作品が宇宙ビジネスにかかわるきっかけの1つだという方は多いと思います。私もそのうちの1人です。

　また、外国の宇宙に関するカンファレンスや会合に出席すると、しばしば冒頭に、司会者や登壇者から出席者に対して、「みなさんはスターウォーズ派、それともスタートレック派？」といった質問が投げかけられます。しかも、出席者のほぼ全員が、自分のお気に入り作品への思いをアピールするかのように積極的に手を挙げて応えます。

　このように両作品は宇宙ビジネス関係者の間でいわば共通言語化している側面があり、両作品の有名なセリフや、それをもじった言葉がプレゼンテーションや何気ない会話に出てくることもあります。

　そのため、両作品の有名なセリフを覚えておくと、色々な場面で便利かもしれません。以下にそのうち特によく知られていると個人的に感じるものをいくつか紹介します。

〔水島淳〕

【スターウォーズ】
May the force be with you. ／フォースとともにあらんことを。
Do or do not. There is no try. ／やるか、やらないかだ。"やってみる"などない。
I have a bad feeling about this. ／嫌な予感がする。

【スタートレック】
Space, the final frontier. ／宇宙、それは最後のフロンティア。
Live long and prosper. ／長寿と繁栄を。
I'm a doctor, not a…／私は医者だ。……ではない。

第1章
人工衛星・ロケットの打上げ

【写真】「国際宇宙ステーション（ISS）」〔写真提供＝NASA〕

第1章-1
人工衛星・ロケットの打上げの概要

　「宇宙ビジネス」という言葉からイメージしやすいと思われる人工衛星やロケット、では人工衛星を搭載したロケットを打ち上げる目的は何でしょうか。それは、人工衛星というモノを地上から宇宙へと輸送することにあります。こうしたロケットは、私たちの日常生活でいえば、目的地に荷物を送り届ける宅配便のトラックに例えることもできるでしょう。

　人工衛星の商業打上げ産業の市場規模は収益にして約56億ドル（年平均）（下図）、宇宙産業全体のおおよそ1.5％前後で推移しており、その規模は一般的なイメージより小さく思えるかもしれません。しかし、宇宙へのアクセスを可能にする打上げ産業は、まさに宇宙産業の屋台骨であり、インフラたる射場の整備も含め、打上げ産業の充実が宇宙ビジネスの発展には不可欠なのです（市場規模の拡大について、序章-1参照）。

■ ロケットによる人工衛星の商業打上げ産業の市場規模

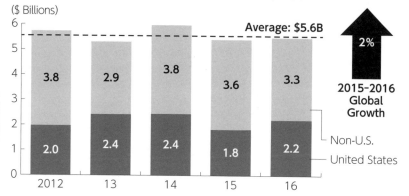

出所：2017 SIA State of Satellite Industry Report, SIA

ロケット打上げサービスでは、おおまかに、①ロケットメーカーが製造したロケットを、②打上げサービスプロバイダーが調達し、衛星メーカーなどの顧客に対して打上げサービスを提供することになります[1]。

　打上げ産業といえば、日本の企業では、三菱重工業（H-IIA/B ロケット、H3 ロケット）、IHI エアロスペース（イプシロンロケット）などが知られていますが、商業打上げ産業市場では、欧州の打上げサービスプロバイダー Arianespace が最大手とされています。

　ここに近年、第 1 段ロケットの再利用が可能な大型ロケット Falcon 9、そして超大型ロケット Falcon Heavy を擁する SpaceX が、大型ロケットの打上げ費用削減を掲げ、市場シェアを拡大してきています。

　Blue Origin も、再利用を想定した BE-4 エンジンを 7 機搭載する超大型ロケット New Glenn を開発中であり、今後の市場参入が期待されています。

　また、増大する小型衛星の打上げニーズに対応し、超小型ロケットの開発・製造、打上げサービスに挑む企業も現れています（第 1 章 - 2 参照）。

　さらに、New Space（序章 - 4 参照）と既存の大手企業の連携も進むなど、打上げ産業の市場の変革は顕著に感じられるところであり、これが宇宙ビジネスの興隆を生み出す重要なファクターとなっているのです。

〔中村翔〕

注 >>>>>
1) ただし、現状では、ロケットメーカーと打上げサービスプロバイダーの両者の役割を、同じひとつの企業が担っている場合も少なくありません。

参考文献等 >>>>>
- 国立国会図書館 調査及び立法考査局「科学技術に関する調査プロジェクト 2016 報告書―宇宙政策の動向―」157-164、167-168 頁（2017 年 3 月）。（http://dl.ndl.go.jp/view/download/digidepo_10314934_po_20170361.pdf?contentNo＝1、最終閲覧日 5 月 31 日）
- 株式会社 日本政策投資銀行 航空宇宙室「日本における宇宙産業の競争力強化―変革期にある本邦宇宙産業の歩みと将来―」58-66、92-95、107-115 頁（2017 年 5 月）。（http://www.dbj.jp/ja/topics/region/industry/files/0000027284_file2.pdf、最終閲覧日 2018 年 5 月 31 日）
- 石田真康『宇宙ビジネス入門―NewSpace 革命の全貌―』38-45、104-115、232-233 頁（日経 BP 社、2017 年）

第1章-2 打上げの実務

1 増大する小型衛星の打上げニーズ

ロケットにより宇宙に輸送されるモノとしての人工衛星ですが、その近時のトレンドのひとつとして、数トンにもなる大型衛星と比べてはるかに小さな、数百kg～数kgの小型衛星の増加・普及があげられます。

小型衛星を宇宙空間に投入する方法としては、①大型ロケットに主衛星（大型）を搭載した空きスペースに、副衛星として小型衛星を搭載して打ち上げる「相乗り打上げ」、②国際宇宙ステーション（ISS）から小型衛星を宇宙空間へ放出する「小型衛星放出」などがあります。

多くの小型衛星は「相乗り打上げ」を利用していますが、この方法では主衛星の都合が優先されるため、小型衛星側としては、希望する軌道への投入が難しい、打上げ時期が選べないなどのデメリットがあります。

小型衛星の増加・普及にともない、好きな軌道に、好きな時期に小型衛星を打ち上げたいというニーズは増大しており、これに対応して、小型衛星の打上げに特化した「超小型」ロケットの開発が進んでいます。

2 超小型ロケットの開発競争

超小型ロケット開発で一際注目を集めている企業が、米国のRocket Labです。ニュージーランドのマヒア半島に自社の射場を有する同社は、超小型ロケットElectron（全長約17m、直径約1.2m）を開発し、低コスト・高頻度の打上げを目指しています。

同じく米国のVector Space Systemsは、打上げ能力の異なる超小型ロケットVector-R（Rapid）およびVector-H（Heavy）を開発し、より柔軟に小型衛星の打上げニーズに対応しようとしています。

Virgin Group に属する米国の Virgin Orbit は空中発射ロケット LauncherOne を開発しており、地上からの打上げではなく、航空機への搭載、その飛行中の分離・空中発射という方法で、従来の射場にとらわれず、天候にも左右されない柔軟な打上げの実現を掲げています。

　日本にも目を移すと、スペースワン[1)]では、宇宙航空研究開発機構（JAXA）が開発し、打上げに成功した SS-520 5 号機（全長約 9.5m、直径約 0.5m）の知見活用が見込まれ、小型衛星打上げサービスの事業化に向けた取組みが行われています。

　観測ロケット[2)] MOMO の開発で知られるインターステラテクノロジズも、低価格でコンパクトな超小型ロケット開発に挑んでいます。

　こうした超小型ロケット開発を含め、打上げ産業は熾烈な競争に突入しています。ロケット開発・事業化には巨額の費用とリスクがともないますが、顧客ニーズを取り込むには、競争力のある打上げ価格と柔軟な打上げ対応が不可欠となるでしょう。

〔中村翔〕

注 >>>>>
1) SS-520 5 号機の開発に参画したキヤノン電子および IHI エアロスペースならびに清水建設および日本政策投資銀行の 4 社により設立された新世代小型ロケット開発企画株式会社から社名を変更し、事業会社として発足。
2) ロケット自身が宇宙空間を飛びながら落下するまでの間に観測を行うもの。

参考文献等 >>>>>
- 小型衛星の打ち上げ・利用に関する研究会「「小型衛星の打ち上げ・利用に関する研究会」報告書」5-7、10、13 頁（2018 年 3 月）（http://www.soumu.go.jp/main_content/000543643.pdf、最終閲覧日 2018 年 5 月 31 日）
- 石田真康『宇宙ビジネス入門―NewSpace 革命の全貌―』42-43、116-118、232-233 頁（日経 BP 社、2017 年）
- 齊田興哉『宇宙ビジネス第三の波―NewSpace を読み解く―』59、68-69、71-73、75-76、78-83 頁（日刊工業新聞社、2018 年）
- スペースワン 株式会社「小型ロケット打上げ事業の実施に向けた事業会社化について」（https://www.space-one.co.jp/doc/pressrelease.pdf、最終閲覧日 2018 年 7 月 7 日）
- JAXA ／宇宙科学研究所「観測ロケット」（http://www.isas.jaxa.jp/missions/sounding_rockets/、最終閲覧日 2018 年 5 月 31 日）

第1章-3
打上げ契約の留意点

　宇宙空間に衛星などの宇宙物体を送ろうとする場合、現在では地上からロケットに載せて宇宙空間に送り込む必要があります。そこで宇宙ビジネスにかかわるとき、最初に目にする契約書はロケット打上げ契約（Launch Service Agreement）であることが多いと思われます。ここでは、ロケット打上げ契約の法的性質および当該契約に共通して記載される重要な条項について概説します。

　まず、ロケット打上げ契約とは、衛星打上げのためにロケットという製品を購入しているのではなく、「ロケットによる衛星打上げ」というサービスを購入しているといえます。そこでロケット打上げ契約の法的性質は、「運送契約」がもっとも近いといえますが、運送者の義務は、貨物である衛星を目的地である投入軌道まで運ぶことではなく、「打上げ（Launch）」の瞬間に終了するという点で他の通常の運送契約とは異なります。この特殊性は契約条項のなかにも現れますので、この点については後述します。

　次にロケット打上げ契約における契約当事者は、大きく分けて2パターンあります。まず、衛星オペレーターが衛星を衛星製造者から購入または製造して自ら打上げサービスを手配する場合は、衛星オペレーターが打上げ委託者となり、打上げ事業者と直接契約します。もう1つのパターンは、衛星オペレーターが打上げ契約込みで衛星を衛星製造者から調達する場合には、衛星製造者であるメーカーが打上げ事業者と契約することになります。

　以下ではいくつかの契約条項について概説します。

(1) **"Launch"**
　ロケット打上げ契約をレビューする際にはいくつか注意する点があり

ますが、そのひとつは"Launch"の定義です。通常、この"Launch"が打上げ事業者にとっての業務完了時点となりますし、またロケット打上げ契約における"Launch"は、衛星製造契約でも責任分解時点として引用されることが通常ですので重要であるといえます。"Launch"の定義は、これまで筆者が目にしただけでもさまざまな文言による定義が存在します。現在の大型液体ロケットにおける"Launch"の定義としては、「（メインエンジンの補助である）固体ロケットブースターへの点火信号発出の時」、つまり"Launch"が不可逆となった時点とするのが一般的ではないかと思われます。

(2) 打上げの遅延

　次に気になる条項としては、ロケット打上げが遅延になった場合の対応です。実務において、ロケットの打上げが不測の事態により遅延したことで莫大な損害が発生し、事業者間で紛争になることがあります。ロケット打上げ遅延の原因は、ロケット側に原因がある場合だけでなく、衛星に不具合などが生じたり、射場への納入が遅れるなど、衛星側に原因がある場合もままあります。その際にどのような約束をするかについては、打上げ事業者ごとに定める条件が異なる点でありますが、打上げ遅延の原因に帰責性のある当事者に遅延損害金の支払いを義務付ける契約にする場合であっても、当該遅延損害金の上限を定めることが通常といえます。

(3) クロスウェーバー

　ロケット打上げにおいてはいまだに原因不明の失敗が起きることが多く、この場合、ロケット側に損害が生じるのは当然ですが、ロケットに搭載されていた衛星も予定されていた軌道に投入されることなく失われ、莫大な損害が生じます。そこで宇宙産業におけるロケット打上げ契約においては、打上げ関係者間での賠償請求権は相互放棄をするクロスウェーバー条項が置かれ、これに応じて各事業者は保険による手当てを行います。またこの条項には、故意・重過失の場合には相互放棄合意が適用されないと規定されることもあります。

〔新谷美保子〕

>>>>>> 第1章-4 >>>>>>
射場の設置と関連産業保護の調整

　ロケットの打上げを行う施設（以下「射場」といいます）を設置するとき、物理的条件[1]、自然災害やテロに対する抗たん性、アクセス・輸送の利便性など、さまざまな要素が考慮されることとなりますが、関連産業との調整の容易さという点もひとつの重要な考慮要素となります。

　ロケットを打ち上げる際には、爆風、飛散物、ガスなどが発生する可能性がありますし、燃料タンクおよびエンジンを複数持つ多段式ロケットを打ち上げた場合、燃料を使い切って空になった部分は空中で切り離されて落下することになります。そのため、ロケットの打上げの際には、人の生命・財産に損害が生じないように、適切な警戒区域を設定したうえで第三者の立入りを制限することが必要です。今般制定された宇宙活動法（第9章-7参照）でも、その点が人工衛星の打上げ施設に求められる安全基準のひとつとなっています。

　そして、警戒区域を設定して第三者の立入りを制限する以上、射場周辺の土地の所有者や警戒区域に含まれる海域の漁業関係者との調整が必要となります。

　射場周辺の土地については、射場の運営者が、土地所有者から所有権を譲り受けることができれば、以後の立入制限などは射場の運営者が自由に行えるため、簡便です。しかし、そのためには当然ながら土地所有者との交渉が必要ですし、土地所有者と合意に至っても、当該土地が農地として使用されている場合には都道府県知事等の許可が必要となることもあります[2]（農地法5条1項柱書、3条1項柱書）。

　また、漁業関係者との調整はときに困難な問題を生じます。日本では、特定の水面（海域）において、漁業関係者に漁業権（漁業法6条1

項)が設定されていることがあります。漁業権は特定の水面において特定の漁業を独占的排他的に営み、利益を享受する権利[3]であり、物権とみなされるため(漁業法23条1項)、漁業権者は、漁業権の内容たる一定の利益享受を妨害する者に対して、妨害排除請求などの物権的権利の行使や不法行為に基づく損害賠償請求を行うことができます。したがって、ロケット打上げ時の警戒区域に、漁業権が設定されている海域が含まれる場合、当該漁業権者との事前調整が必須となるのです。

　日本の代表的な射場である種子島宇宙センターでも、漁業権者との調整は大きな問題となりました。実は、種子島宇宙センターの建設にあたっては、警戒区域に漁業権を有する漁業関係者から反発があり、協議の結果、打上げ対象期間および打上げ機数に制限が設けられることとなったのです。漁業関係者との長年の協議により、2011年になって打上げ対象期間の制限はなくなりましたが、現在でも種子島宇宙センターから打上げ可能なロケットは年間17機以内とされています[4]。

　このような打上げ対象期間および打上げ機数の制限は、宇宙開発の足かせとなるだけではなく、打上げビジネスにおける射場の競争力を落としかねません。今後、新たな射場を設置する場合、警戒区域内にどのような権利関係者がいるか、その権利関係者との調整は容易か、という観点が、ますます重要になると思われます。

〔平田省郎〕

注 >>>>>
1) たとえば、静止軌道衛星を打ち上げる射場は、できるだけ低緯度の地点で、かつ、東側に向けて打ち上げることのできる場所が適しています。地球は西から東に自転しており、かつ、地球の表面速度は赤道付近がもっとも速いため、低緯度から東側に向かって打ち上げるとエネルギー効率が上がるためです。
2) 宇宙航空研究開発機構(JAXA)も、種子島宇宙センター周辺の土地の取得を進めており、そのなかには農地も含まれているため、農地法5条1項の許可を得ているようです。
3) 金田禎之『新編漁業法詳解(増補5訂版)』274頁(成山堂書店、2017年)
4) 文部科学省・宇宙航空研究開発機構「種子島周辺におけるロケット打上げ期間等の見直しについて」(http://www.jaxa.jp/press/2010/07/20100729_tnsc_j.html)

第1章-5
損害賠償と補償

　①民間ロケットの打上げ失敗により他国の地上の第三者に損害が発生した場合、あるいは②軌道上で民間人工衛星同士の衝突により損害が発生した場合、誰がどのような責任を負うのでしょうか。

　おおまかにいうと、打上げ国は宇宙条約および宇宙損害責任条約上の国際責任を負い、加害者は被害者に民事法上の責任を負います。

　宇宙条約には「国家への責任集中の原則」が規定されており、宇宙活動の主体が国であっても民間であっても国家は自国の宇宙活動に国際的責任（international responsibility）を有し（6条）、宇宙物体の発射により他国に損害を与えた場合には国際的に責任（internationally liable）を有します（7条）。

　打上げ国は、①のケースでは無過失責任（宇宙損害責任条約2条）を、②のケースでは過失責任（同3条）を負い、賠償すべき損害は人身損害と財産損害とされています（同1条（a））。

　この請求の手続きは、被害者が打上げ国での裁判など国内的救済手続きを前もって尽くしていなくても、外交経路により国家間の請求ができます（同9条、同11条1項）。そして、打上げ国が賠償した場合には、原因を引き起こした者への求償の問題が発生します。

　もちろん、被害者が直接に加害者に対して打上げ国での裁判などの法的手続きを行うこともできます（「直接請求」といいます）。なお、被害者が直接請求を行っている間、国家間請求はできません（同11条2項）。

　このように宇宙条約や宇宙損害責任条約では、国家間の関係については定められているものの、加害者と被害者の関係は直接規律されていません。

我が国の民間事業者が加害者となった場合を考えてみましょう。

　加害者が負う損害賠償責任は、国内法上は、民法上の不法行為責任や国内宇宙法に基づく責任という形で現れます。民間宇宙活動の急速な進展にともない、諸外国では、第三者損害賠償に備えた国内宇宙法の整備が進められ、日本でも2016年に制定された通称「宇宙活動法」（第9章−7参照）に第三者損害賠償制度が設けられました。

　宇宙活動法では、打上げ実施者に損害賠償担保措置（第三者賠償保険の加入など）を義務付け（9条、39条）、ロケット落下等損害の場合の打上げ実施者に無過失責任を負わせています（35条）。また、被害者を迅速に救済する目的で「責任集中」の考え方を採用し、責任を負うべき打上げ実施者以外の者は損害賠償責任を負いません（36条）。さらに、被害者保護の観点から、損害賠償担保措置でもカバーすることができない多額の損害が発生した場合に、打上げ実施者が政府と締結した損害賠償補償契約に基づいて、政府が一定限度まで補償を行うこととする政府補償を定めています（同40条）。

　他方で、宇宙活動法の制定時には、軌道上での人工衛星同士の衝突による損害に関しては、ロケット落下等損害のような政府補償制度などは置かれませんでした。したがって、原則どおり、加害者は故意・過失責任を負うことになります。なお、人工衛星落下等損害に関しては人工衛星管理者の無過失責任のみ定められています（同53条）。

　今後、我が国においてもっぱら産業振興の観点から、人工衛星同士の衝突事故などについても政府補償が導入される可能性があります。しかし、無辜の民が被害者となるロケット落下等損害と異なり、軌道上の事故は、宇宙活動に内在する危険を理解したうえで参画した者同士に発生します。また、政府補償の導入が許可基準の厳格化などかえって規制強化につながりうるリスクをも考慮し、慎重かつ多角的な検討を経たうえで、国民の理解のもとで制度化する必要があると考えます。

〔高取由弥子〕

コラム

宇宙エレベーターの歩み

　宇宙エレベーターとは、文字どおり地上と宇宙を行き来するエレベーターのことです。地球の上空には多数の衛星が周回していますが、赤道上の高度約36,000kmを周回する衛星は、ちょうど周期が地球の自転と同じになるため、地上からみると静止しているようにみえます。このような衛星を静止衛星と呼びますが、この静止衛星からテザーと呼ばれるケーブルを地上まで伸ばして、ケーブルに取り付けられたクライマー（昇降機）を行き来させて、宇宙まで人や物質を運搬しようというのが、宇宙エレベーターの基本的な構想です。

　極めてシンプルな原理であり、その原理自体は1960年にはすでに提唱されていましたが、実現するには多くの技術的課題があって、従来は夢物語だと考えられてきました。しかし近年では、海外だけでなく日本でも宇宙エレベーターの実現に向けた取組みが本格化しています。たとえば2008年に設立された一般社団法人宇宙エレベーター協会では、宇宙エレベーターの実現に向けたさまざまな活動が行われており、同協会の主催する宇宙エレベーター競技会が毎年注目を集めています。また、大手ゼネコンの大林組も「2050年エレベーターで宇宙へ」と銘打った宇宙エレベーター建設構想を発表しています。

　このように宇宙エレベーター構想がいよいよ現実味を帯びてきたのは、1991年に日本の飯島澄男氏がカーボンナノチューブという素材を発見したのがきっかけといえます。数ある課題のなかでも克服するのがもっとも困難とされていたもののひとつが、テザーの強度の問題でした。全長数万kmにもなるテザーを宇宙から地上まで延ばそうとすると、自重に耐えられずにテザーが切れてしまうのです。一見頑丈だと思われる鋼鉄製ワイヤーですら自重に耐えられるのはせいぜい15km程度であると聞けば、この課題をクリアすることがいかに難しいことであるか、容易に理

解できると思います。ところが、カーボンナノチューブの強度は、従来の素材が持つ強度をはるかに凌駕しており、理論上はテザーに要求される水準をも満たすものだったのです。

　こうして、宇宙エレベーターの実現化へ向けた第一歩が踏み出されたわけですが、その道のりはまだまだ遠く険しいものであり、実用化までに相当の歳月を要することは間違いありません。

　しかし宇宙エレベーターの魅力は、なんといっても宇宙ロケットに比べて輸送コストを大幅に削減できることです。それに、地球環境にも負荷がかからないことや天候による延期のリスクが低いことなども、宇宙ビジネスを行ううえで非常に大きな利点といえます。

　そのため、宇宙エレベーターの実現に向けた研究・開発は今後いっそう加速していくものと思われますが、そうなると技術面だけでなく、運用や保守をどうしていくのかについて、制度面での議論も重要になってきます。

　これだけの構造物を建設するには国際的な協力が欠かせません。万が一テザーが切れたりするよう事故が発生すれば、その被害は地球規模の甚大なものになるおそれがあるため、ひとつの国や企業に安全を委ねるというわけにはいかないからです。

〔麻祐一〕

第2章
人工衛星の活用

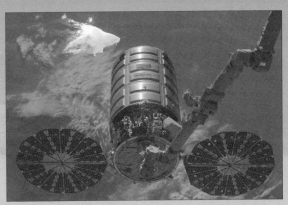

【写真】オービタル・サイエンシズ社が開発した無人補給船「シグナス」〔写真提供=NASA〕

第2章-1
人工衛星活用の概要

　人工衛星の商業利用は、従来の通信・放送の分野に加え、近時では、衛星と地球との距離を測定することにより位置を特定する測位衛星システムや比較的低軌道にある人工衛星に搭載したカメラで地表を撮影し、撮影した画像データ（衛星リモセン画像）を活用する衛星リモートセンシング（地球観測）といった分野が注目されています。

　まず、測位衛星システムに関して全世界的にもっとも有名なのは、米国が開発した全地球測位システム（GPS）であり、カーナビゲーションや地図アプリケーションなどで活用され、私たちの日常生活に深く溶け込んでいます。また直近では、GPSを補強する目的で、日本のほぼ真上を通る軌道を持つ人工衛星を複数組み合わせた衛星システム（準天頂衛星システム）の運用が開始され、日本上空を交代で24時間カバーできる体制が整えられています。準天頂衛星システムにより、GPSのみでは正確な位置情報を受信することが難しかった山間部やビルの谷間においても、より精度の高い情報を得ることができるようになり、自動運転などリアルタイムで正確な位置情報が必要とされる分野における活用が期待されています。

　一方で、測位衛星システムへの依存度が高まるにつれ、衛星が発信した情報に誤りがあった場合に発生する損害を誰が賠償すべきかという問題が、しばしばクローズアップされるようになってきました。たとえば、誤ったデータに依拠したことにより自動運転中の車両が事故を起こした場合、衛星メーカー、測位衛星システム運用者、サービス提供者、受信機メーカーなどはそれぞれどのような責任を負うのでしょうか。基本的には、国内法に基づいて契約または不法行為に基づく責任を追及してい

くことになります。たとえば、無償で提供されている衛星データを利用し損害が発生した場合に、当該データを発信した衛星の運用主体に賠償責任が発生するのかといった点は悩ましい問題です（第 2 章−8 参照）。

　次に、衛星リモートセンシング（地球観測）の分野においても、衛星リモセン画像の活用範囲が年々広がりをみせており、防災、土木、農林水産、エネルギー、気象、海洋、教育といった幅広い分野において活用されています。たとえば農業の分野では、衛星リモセン画像を用いて作物の水分量を解析し、最適な収穫時期を予測するシステム等が実用化されており、今後の発展が大いに期待できます。

　なお、衛星リモセン画像の販売などに関しては、2016 年に制定された衛星リモートセンシング記録の適正な取扱いの確保に関する法律（衛星リモセン法）という国内法が規律しています。同法が定める基準に該当する鮮明な画像データに関しては、原則として、同法上の許可ないし認可を受けた事業者間でのみ流通させることが認められています。国際テロリスト等の手にわたり悪用されることを防ぐためです。今日提供されている衛星リモセン画像の種類や入手方法は、宇宙航空研究開発機構（JAXA）のホームページで公開されています。

　人工衛星の活用における今後の展望としては、多数の人工衛星を打ち上げてこれらを一体として連携・運用することにより、通信サービスや測位サービスを提供する「衛星コンステレーション」という分野が注目されています。技術革新により、より多くの衛星を低コストで打ち上げることができるようになってきたためです。このように多数の衛星を連携させる際には、国内の規制（電波法など）および国際的取り決め（国際電気通信連合 (ITU) が定めるルール）の双方の考慮が必要となります。

　近時、人工衛星が活用される場面は飛躍的に広がっており、他の情報やサービスなどとの融合により、幅広い分野において新たな価値が生み出されていくことが期待されています。

〔白井紀充〕

第2章-2
人工衛星の購入・利用

1 人工衛星の購入

　人工衛星を購入するには、衛星の製造メーカーとの間で衛星を購入するための契約を締結することになります。商用衛星を製造するメーカーは、ボーイングやエアバスといった欧米の企業が圧倒的な地位を占めており、官民一体となって新興国を中心に売り込みをかけているものの、日系企業の存在感はいまだ小さいのが現状です。

　人工衛星の購入にかかる契約は、衛星の製造、引渡し、軌道上での初期的な運用試験、運用支援といった内容まで記載された極めて複雑なものになることが通常です。すなわち、単純な売買ではなく、売主であるメーカーが材料を調達し衛星を完成させる義務を負うという点で請負の要素があり、また、打上げ後の運用支援の面では、業務委託の要素もある契約であるという特徴があります。

　こうした契約では、宇宙に関連する特殊性も考慮する必要があります。たとえば、契約の目的物である「衛星」の引渡し時期と関連して、危険（リスク）の移転時期の問題があります。衛星の引渡方法は、①打上げ前の段階で引渡しを行う射場引渡し（delivery on ground）、②打上げ後に軌道上で引渡しを行う軌道上引渡し（delivery on orbit）の2種類があり、①を採用する場合は打上げの段階で危険が移転することになります。一方、②を採用する場合、打上げを含め軌道上に持っていくところまでがメーカー側の責任において行われることになります。もっとも、通常は、打上げ以降にメーカーが追う責任は保険でカバーされる範囲に限るなどの手当てがなされ、実質的なメーカー側の責任は打上げまでとする建付けとされることが一般的です。さらに、瑕疵担保責任に関して

も、打上げ後は、上記①②のいずれを採用した場合であっても、メーカー側の責任を免責する旨の条項が入ることが通常で、打上げ後に発見された瑕疵（不具合等）は、原則として保険でカバーされることになります。

2 人工衛星の利用

　衛星を購入・所有するのではなく、第三者である衛星オペレーターが運用する衛星を利用するにとどまるケースでは、衛星オペレーターが運用する衛星や、衛星に搭載されたトランスポンダーと呼ばれる電波の送受信装置に対し、契約により利用権を設定することで、通信サービス等を利用できるようになります。

　こうした契約の対象は、衛星やトランスポンダーそのものの賃貸借（リース）ではなく、衛星オペレーターが衛星やトランスポンダーを介して提供する通信機能などに対し、ユーザーである利用者が対価を支払う契約であると考えられています。契約内容は提供されるサービス内容に応じて異なるため一概にはいえませんが、デブリの回避行動をとる際の一時的な利用の制約等、宇宙空間からのサービス提供であることに起因する特有の規定が存在するのが特徴です。また、後のトラブルを防止するため、たとえば、どの程度の品質の通信サービスの提供を受けた場合に債務を履行したといえるかといった点を数値化し、明確に契約書に規定しておくことが肝要です。そのうえで、合意された品質に達成しない場合に、それが金銭的なペナルティに関する条項や契約解除条項と紐づくよう手当しておく必要があります。

　また、衛星に搭載されている特定のトランスポンダーに利用権を設定する場合においては、かかる特定のトランスポンダーに不具合が発生した場合の対処方法（代替のトランスポンダーの利用ができるか）や損害賠償の範囲などに関し、詳しく定めておく必要があります。

〔白井紀充〕

>>>>>> 第2章-3 >>>>>>
人工衛星の国際的管理

　A国の要請に応じてB国の企業がC国において人工衛星を打ち上げた場合、どの国がその人工衛星を管理する権限を持つのでしょうか。また、その人工衛星に不具合が生じ、D国に墜落して事故を起こした場合、どの国がその事故の責任をとらなければならないのでしょうか。これらの問題について、人工衛星の国際的管理との切り口で検討したいと思います。

　まず、宇宙条約8条は、宇宙空間に発射された物体を「登録」した国がその物体の管理権を有すると規定しています。そして、この「登録」の具体的な内容は、宇宙物体登録条約（第8章-4参照）に定められています。宇宙物体登録条約は、まず、宇宙物体の「打上げ国」はその国内手続きに従って登録すべきと規定したうえで、国内手続きを完了した国に対し、登録した宇宙物体に関する情報（宇宙物体の「打上げ国」を含む）を、できる限り速やかに国連に提供すべきと定めています。以上の宇宙物体登録条約の定めから、宇宙条約8条の「登録」とは、①国内手続きによる登録手続き、および、②国連に対する情報提供手続きの両方を完了したことを指すものと考えられています。したがって、人工衛星の国際的管理権を持つのは、その人工衛星について①国内手続きによる登録手続きに加え、②国連への情報提供を行った国ということになります。

　次に、「登録」ができるのは、上記のとおり、宇宙物体の「打上げ国」です。宇宙物体登録条約では、「打上げ国」とは、打上げを行う国、打上げを行わせる国、自国領域内から打上げが行われる国、または自国施設内から打上げが行われる国であると規定されています。ここで、人工

衛星を宇宙まで打ち上げることができる国が現時点では限られていることから、打上げを希望する国と実際に打上げを行う国が異なることがあります。この場合は、その両方が「打上げ国」に当てはまります。ただし、宇宙物体登録条約は、「打上げ国」が複数存在する場合、協議によって打ち上げた物体を登録できる国を1つに決めなければならないとも規定しています。

　他方で、「打上げ国」は、打ち上げた宇宙物体が墜落することによって地表に生じた損害等を賠償しなければならないとされています（宇宙損害責任条約2条。第8章-4参照）。そのため、損害賠償請求できる国になるために宇宙損害賠償条約に加入するものの、損害賠償責任を負う「打上げ国」として国連に情報提供されてしまうことを避けるために、宇宙物体登録条約に加入しない国が多い状況が続いています。

　このような状況の下、国連では2004年に「『打上げ国』概念の適用」の勧告[1]、2007年に「宇宙物体の登録における国および国際組織の実行向上に関する勧告」[2]、そして、2013年に「宇宙活動に関する国内法制への推奨事項」[3]を採択し、生じた損害の責任の所在を明確にできるよう努めています。

　今後、人工衛星を利用した活動が増加するに従い、人工衛星の管理の重要性はますます高まるものと期待されます。それにともなう国連の対応にも注目が必要です。

〔藤本博之〕

注 >>>>>
1) 自国の企業等の宇宙空間における活動を監督するための国内法の制定と打上げ関係国間で損害賠償に関する協定の締結を勧告するもの。
2) 打上げのために自国の領域または施設を提供した国が登録を進めるための協議を主導することの勧告するもの。
3) 宇宙物体登録制度や第三者賠償制度を盛り込んだ国内法の制定を勧告するもの。

第2章-4
通信衛星

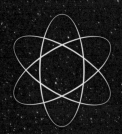

　「通信衛星」とは、地球上の地上局から送信された電波を受信し、それを他の地上局に送信する人工衛星のことをいいます。英語での表記はCommunications Satelliteであり、CSと略されています。通信衛星の通信機能は、衛星電話、衛星放送、データ中継などに用いられており、そのうち目的を放送に特化したものを放送衛星といいます。放送衛星の英語表記はBroadcasting Satelliteであり、BSと呼ばれています（第2章-5参照）。

　通信衛星の主な特徴は、同じ情報を広範囲に同時に送信することが可能であり、また地球上の環境（災害など）に左右されない安定した通信を実現できることにあります。地上回線がいまだ整備されていない地域であっても、無線設備があれば通信衛星による通信が可能となるため、山間地や離島、また発展途上国などにおいて通信インフラを確保するために、通信衛星は重要な役割を担っているといえます。

　通信衛星の分野で世界的に活躍している企業としては、ルクセンブルクのインテルサット社とSES社（両社とも通信衛星50機以上を運用）、フランスのユーテルサット社（約40機を運用）、そして、現在17機の通信衛星を運用している日本のスカパーJSAT社などが挙げられます。スカパーJSAT社は、通信衛星を用いてテレビ番組などの放送事業を行う他、政府や公的機関（警察など）、またライフライン関係企業などの危機管理用通信インフラとして、地上回線を経由しない衛星通信ネットワークを提供しています。日本における通信衛星の他の例としては、宇宙航空研究開発機構（JAXA）と国立研究開発法人情報通信研究機構（NICT）が共同開発し、2008年に打ち上げた通信衛星「きずな」

(WINDS）が有名です。きずなは、その高速大容量通信能力による国内外のインターネットの超高速化や、災害医療支援のための通信インフラ確保に関する実証実験を行っています。

　アメリカでは、低コストの打上げロケットで有名となった民間宇宙ベンチャー起業であるSpaceX社や、衛星通信会社であるOneWeb社が、世界全域に十分なインターネットへのアクセス環境を構築するため、静止軌道上に膨大な数の通信衛星を配置する計画を進めています（衛星コンステレーション）。世界では、実に30億以上もの人がインターネットにアクセスできない環境で生活しているといわれており、地球全域に及ぶ通信網は、こうした人々に役立つものと期待されています。

　自社で通信衛星を保有することが難しい場合、通信衛星を運用している事業者（衛星オペレーター）と通信衛星の利用契約を締結するという方法があります。通信衛星の利用契約には、衛星オペレーターに対価を支払い、通信機能を提供してもらう衛星使用権契約と、衛星内に設置されたトランスポンダー（電波を送信するための中継器）を使用する権利を付与してもらうトランスポンダー利用契約の2種類があります。通信衛星の増加が実現すれば、こうした利用契約も広く活用されることでしょう。

　衛星通信は、地球上の通信インフラのみならず、宇宙ビジネス全体の通信インフラを支える役割も担っており、今後の宇宙ビジネスの発展とともに、その重要性がますます高まるものと考えられます。

〔野原俊介〕

>>>>>> 第2章-5 >>>>>>
衛星放送

1 衛星放送とは

　テレビやラジオの放送に地上放送と衛星放送があることはご存じでしょう。放送局から各家庭に電波を送るにあたり、地上に設置された中継所を経由するものが地上放送です。他方、赤道上空36,000kmにある衛星を経由するものが衛星放送です。衛星放送には、山や高層ビルといった障害物の影響を受けることなく、効率よく広範囲に、また大容量の電波を送ることができるという利点があります。

　衛星放送で利用される衛星には、大きく分けて、放送専用に作られた放送衛星（Broadcasting Satellite）と、もともと電話などの通信用に作られた通信衛星（Communication Satellite）の2種類があり、前者を利用した放送をBS放送、後者を利用した放送をCS放送と呼んでいます。

　我が国における放送衛星は、現在、東経110度に打ち上げられている3機が運用されており、それに加えて2018年中に、次世代放送（4K、8K放送）に対応する衛星1機の運用が開始する見込みです（2018年7月1日現在）[1]。

　また、CS放送に利用される通信衛星は、現在、スカパーJSAT株式会社が管理するものが東経110度、124度および128度などにそれぞれ打ち上げられています[2]。通信衛星は、もともと通信事業を目的としていたので、以前は一般家庭でのCS放送の視聴は制限されていましたが、1989年の放送法改正によって一般家庭での視聴が可能になりました。

2 関連する法律

　2011年に施行された改正放送法では、BS放送および110度CS放送は、地上放送と同じ基幹放送に区分されて「衛星基幹放送」となり（同法2条2号、13号）、それ以外のCS放送は一般放送に区分されて「衛星一般放送」となりました（同法2条3号、同法施行規則2条3号）。

　衛星基幹放送では、「衛星基幹放送事業者」（同法施行規則2条2号）が放送番組の制作・編集を行い、放送局の管理・運営主体である「基幹放送局提供事業者」に対して放送の委託をすることによって、視聴者のもとに放送が届けられます。この「衛星基幹放送事業者」は、放送法93条に基づく認定を受ける必要があり、2018年7月1日現在、38社が認定を受けて放送を行っています。また、「基幹放送局提供事業者」は、電波法に基づく免許を受けていなければならず（放送法2条24号）、同日現在、株式会社放送衛星システムとスカパーJSAT株式会社が免許を取得し、無線局を開局しています[3]。

　他方、衛星一般放送では、「衛星一般放送事業者」が放送番組を制作・編集のうえ、衛星の管理・運用事業者から電気通信設備の提供を受けて放送をします。この「衛星一般放送事業者」は、放送法126条に基づく登録があれば足ります。2018年7月1日現在、4社がこの登録を受けて放送を行っています[4]。

　なお、基幹衛星放送および衛星一般放送のいずれにおいても、有料放送管理事業者について、業務の適正確保を目的とした一定の措置が設けられています（放送法155条など）。

〔中村竜一〕

注 >>>>>
1) 総務省「衛星放送の現状（平成30年度第2四半期版）」（2018年7月1日）。
2) 同上。
3) 同上。
4) 同上。

コラム

宇宙天気

　宇宙は、真空で何もない空間であると思われがちかもしれませんが、太陽は、巨大なエネルギーを爆発的に出し続けており、地球を取り巻く宇宙環境もその影響を受けて変化します。「宇宙天気」とは、この主に太陽を起源とする宇宙放射線や地磁気嵐などによる宇宙環境の変動を指します[1]。

　地球は、太陽に対して、大気と磁場の2つの防護壁を持っています。大気は、太陽から到来するX線や紫外線などの電磁波を吸収し、地表面まで到達することを防いでいます。磁場は、太陽からの電離した大気（以下「太陽風」といいます。）が地球に近づくのを妨げています。しかし、太陽風が地球の磁場に反応しやすい状況になると、地球の磁場をすり抜けて地球付近まで到達することがあります。ちなみにオーロラは、太陽風が地球の大気と衝突した際に生じる現象で、宇宙天気を地上で実感できるものです。オーロラが地上から綺麗にみえるときは宇宙天気が荒れているということになります[2]。

　太陽風が強くなると、地球の大気外にある人工衛星や国際宇宙ステーション（ISS）に太陽電池の劣化や誤作動を起こすなどの影響を直接与えるほか、人工衛星を利用した通信・放送が切れたり、測位に大きな誤差が生じたり、地上間の短波通信が切れたりというような影響を与えたりします。また、電力線に過電流を生じさせるという不具合も発生するため、送電網に影響を与え、停電が起きることもあります[3]。

　1859年9月1日に起きたキャリントン・イベントと呼ばれている巨大な太陽風は、記録に残っている限り、最大の宇宙天気現象とされています。強力な太陽風により、当時最先端の通信技術であった有線電信の通信線に過電流が流れ、末端の通信所が火事になったとのことです。キャリントン・イベントが現代で発生した場合には、海外の保険会社に

よれば、日本において 4.1 兆円から 5.4 兆円の経済的な損失が発生すると試算されています[4]。

このように宇宙天気は、現在社会に大きな被害を与え得ることから、アメリカにおいては、宇宙天気を地震や津波と同様に、米国戦略的国家危機評価のひとつとして検討の対象としています[5]。

宇宙天気の被害を避けるために宇宙天気を予測する宇宙天気情報は、私たちの生活において、極めて大切なものといえます。我が国においては、国立研究開発法人情報通信研究機構（NICT）が宇宙天気監視および予報を毎日発信し、予報精度向上のための研究開発を行っています。

また、現在、国際民間航空機関（ICAO）は、航空運用に用いられる気象情報として宇宙天気情報を取り入れることを検討しており、宇宙天気情報が航空運用に不可欠な情報として使用されるようになる見込みです。これは主に宇宙天気現象による短波通信、衛星測位および被ばくのリスクを回避することを目的としています[6]。

以上のように、宇宙ビジネスの発展のためだけではなく、私たちの日々の生活にとっても、宇宙天気の重要性は高まってきているといえるでしょう。

〔石井奈沙〕

注 >>>>>
1) 「宇宙× ICT に関する懇談会」報告書 43 頁
   http://www.soumu.go.jp/main_content/000502202.pdf
2) 名古屋大学太陽地球環境研究所「宇宙天気 50 のなぜ」
   http://www.stelab.nagoya-u.ac.jp/ste-www1/naze/spaceweather/spaceweather.pdf
3) 前掲注 2)
4) 国立研究開発法人情報通信研究機構 宇宙環境研究室長 石井守「2017 年の宇宙天気」
   http://sw-forum.nict.go.jp/forum/2017/pdf/forum_presentation_1.pdf
5) 前掲注 4)
6) 前掲注 4)

第2章-6
衛星リモートセンシング①

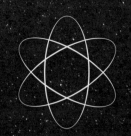

　リモートセンシング（Remote Sensing）とは、遠く離れたところから、ものに直接触れることなく、対象の大きさ、形、性質などを観測する技術のことをいいます。衛星リモートセンシングの主な特徴としては、①広域を一度に撮影することができる点、②地球の表面を一定周期で観測し、同一地点の比較観測を行うことが可能である点、③大気の様子や気温など肉眼では観測することができない情報を取得することができる点が挙げられます。

　衛星リモートセンシングにおいては、取得したい情報の種類によって搭載するセンサーも変わります。たとえば、①光学センサーは、太陽光が地上の物体にあたることで反射する可視光線や近赤外線をとらえて観測するものです。植物などの分布状況や河川や市街地の地表の状況などを探ることができますが、太陽光のあたらない夜は観測することができず、また雲の下を観測することもできません。②ハイパースペクトルセンサーは、光学センサーのうちスペクトル（光の帯）による情報を取得する性能を備えたセンサーのことであり、肉眼では識別不可能な対象物の特性を明らかにすることができます。鉱物の分布状況や、土壌の状態の把握などに使用されることが期待されています。これらの光学センサーに対して、③合成開口レーダー（SARレーダー）は、電波（マイクロ波）を発射し、その反射をとらえて観測するマイクロ波センサーです。使用する波長によっては雲を通過する性質があるため雨量の多い地域の地表や、山や谷といった領域を観測することに適しています。もっとも、光学センサーに比べて分解能[1]は劣ることが多いことが欠点です。このようにセンサーごとにその特徴はさまざまであり、後述する衛星リモセ

ン法（第 9 章 – 8 参照）上の規制に関する基準もセンサーごとに定められています。したがって、どのようなセンサーを搭載するのかという点は、まさしく衛星リモートセンシングに関するビジネスの肝であるといえます。

　衛星リモートセンシングによって得られたデータは、天気予報、災害監視、資源探査、森林管理、漁場利用、土地利用といったさまざまな局面で利用されます。ビジネスの局面でもすでに多くの利用例があります。たとえば、ウミトロン[2]は、人工衛星を用いて魚群行動の解析をすることで効果的な給餌のタイミングと量を最適化するサービスを行っているほか、プランクトンの分布に関する情報を収集することで赤潮の被害を最小限に抑えると取組みも行っており、ユニークな衛星リモートセンシング記録の活用例といえます。また、国内の大手保険会社においても衛星リモートセンシングの記録を利用した天候デリバティブの提供も開始しています。このように今後新しいビジネスモデルを考えるうえで、衛星リモートセンシング記録の利活用は無視することのできない重要な選択肢になるものといえます。

　以上のような衛星リモートセンシングに関しては、想定される法的な問題もさまざまです。事業を行うにあたっては我が国の衛星リモセン法を検討しなければならないことのほか、撮影主体との関係では撮影した画像データなどの知的財産権が問題になりますし、撮影客体との関係ではプライバシー権や個人情報の取扱い、さらには被撮影国の同意権といった点も問題となります。「人工衛星を使ったビジネス」は、ビジネスの世界においても、法律の世界においても、今、多くの人々が関心を寄せている分野なのです。

〔大島日向〕

注 >>>>>
1) 対象物の判別精度。
2) https : //umitron.com/

参考文献等 >>>>>
- 齊田興哉『宇宙ビジネス第三の波―NewSpace を読み解く―』153-161 頁（日刊工業新聞社、2018 年）
- 石田真康『NewSpace 革命の全貌―宇宙ビジネス入門―』（日経 BP 社、2017 年）

第2章-7
衛星リモートセンシング②

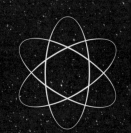

1 「データの著作権」とは

「データの著作権[1]」という語には注意が必要です。そもそも私たちは、「データ」という語を、さまざまな意味で用いています。少なくとも、次の2つの意味が、混在しているように見受けられます。

①表現するもの　例：文字列、画像
②表現されるもの　例：文字列や画像から読み取られる情報

さて、著作権法の保護対象は、「著作物」、すなわち、「思想又は感情を創作的に表現したものであつて、文芸、学術、美術又は音楽の範囲に属するもの」(著作権法2条1項1号)です。表現される思想や感情そのものは、「著作物」に該当せず、著作権法では保護されません。よって、「データの著作権」という語が法的に意味を持つのは、①の意味の「データ」に関して述べられている場合に限られます。

さらに、この定義からわかるように、(①の意味の)「データ」が「著作物」とされて著作権法で保護されるためには、「思想又は感情を創作的に表現したもの」であることが必要です。たとえば、事実それ自体は、人の精神的な活動の所産でないため、「思想又は感情」といえず、事実を表現した画像等は、(そこに「思想又は感情」が移入されて表現されない限り)「著作物」に該当せず、著作権法で保護されないということになります[2]。

2 衛星データの著作権

では、衛星リモートセンシングで得られた(①の意味の)衛星データ(たとえば地形図)は、著作権法で保護されるでしょうか。

衛星データが該当しうるのは、「図形の著作物」(著作権法10条1項

6号）や、「写真の著作物」（同項8号）です。後者については、写真が著作物たりうるのは、被写体の選択、シャッターチャンス、シャッタースピード・絞りの選択等により、写真のなかに思想・感情が表現されているからであると考えられます。地球上の地形等を機械的に撮影した衛星写真は、撮影者の思想・感情が表現されていないため、「写真の著作物」に該当しません。また前者も、衛星写真で作成する地図は自由に創作できる範囲が狭く、事実そのものの表現であり、「図形の著作物」に該当しないとされる可能性が高いと考えられます。

　以上より、衛星データは、「思想又は感情」が移入されて表現されることが少なく、「著作物」に該当する可能性は低いと考えられます。

3 著作権の制限

　なお、仮に衛星データが「著作物」に該当したとしても、著作権者の許諾を得ずに自由に「著作物」を用いることができる場合があります（著作権法30条以下。たとえば、現行法47条の7（情報解析のための複製等）、改正法[3]30条の4（著作物に表現された思想又は感情の享受を目的としない利用））。衛星データの「著作物」該当性のみならず、それがどう用いられるのかについても、検討を怠ってはなりません。

　実際にデータビジネスを行う際には、こうした検討も踏まえたうえで、契約で利用条件を詳細にデザインすることが推奨されます[4]。

〔松村啓〕

注 >>>>>
1) 著作権法一般につき、中山信弘『著作権法（第2版）』（有斐閣、2014年）。
2) 中山・前掲注1）46-49頁。知財高判平成17年5月25日（平成17年（ネ）第10038号）も参照（この判決で、「データ」は、②の意味で用いられています。）。
3) 著作権法の一部を改正する法律（平成30年法律30号）。平成31年1月1日施行。
4) 経済産業省が最近公表した、契約のガイドラインも参照（http://www.meti.go.jp/press/2018/06/20180615001/20180615001.html、最終閲覧日2018年6月15日）。渡部ほか「「AI・データの利用に関する契約ガイドライン」の意義と展望」（NBL1124号、2018年）も参照。

第2章-8 測位

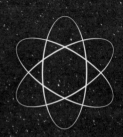

　人工衛星を用いた位置情報の取得は、身近な宇宙の利用方法のひとつではないでしょうか。光などの電磁波は、1秒間に約30 kmという一定の速さで進むことが知られています。このことを利用し、GPSなどの測位衛星システムでは、宇宙にある複数の人工衛星から時刻の情報を含んだ電磁波（信号）を発し、その信号が人工衛星から携帯電話やカーナビゲーションシステムなどの受信機に到来するまでのわずかな時間を計測して受信機の位置を特定します。A点からB点まで信号が移動する際の速さと時間がわかれば、A点からB点までの距離がわかりますので、この方法で受信機と人工衛星の距離がわかります。そして、ひとつの受信機について複数の人工衛星との距離がわかれば、コンパスの要領で受信機の位置が特定できます。測位衛星システムとしては、米国が運用し、全世界をカバーするGPSが有名です。またその他にも、日本政府が2018年11月の運用開始を目指している、日本周辺地域をカバーする予定の「みちびき」など、複数のシステムが存在しています。

　測位衛星システムは、多くの場合、無償で信号を受信して利用することができます。測位衛星システムを利用したビジネスも多くなっており、自動車配車サービスでも待ち合わせ位置の特定にGPSが活躍していますし、携帯電話でGPSを利用した地図アプリケーションを利用したことがある方も多いのではないでしょうか。カーナビゲーションシステムにも広くGPSが利用されており、今後実用化が期待されている自動運転車においても、測位衛星システムが利用される可能性があります。

　このように、測位衛星システムは非常に便利なシステムですが、測位衛星システムを用いて得た位置情報が必ずしも正確ではない場合がある

ことには注意が必要です。人工衛星からの信号に誤りが生じている場合もありますし、信号自体には誤りがない場合でも、その他の原因により誤りが生じてしまうことがあります。たとえば、ビルの立ち並ぶ街中では、測位衛星システムを用いて計算される位置のずれが大きくなることが知られています。これは、人工衛星から届く信号がビルに反射した後に受信機に届くことから、人工衛星と受信機の距離が実際よりも長いように計算されてしまうことなどによります。そのため、測位衛星システムを利用したビジネスを行うにあたっては、測位衛星システムの技術上の限界を理解しなければなりません。たとえば、船舶の運行や自動運転車において測位衛星システムを利用する際には、レーダーやセンサーとあわせて利用するなど、場合に応じて位置情報を得るためのその他の方法と併用するといった対策が必要となります。特に、航空の分野では、わずかな位置情報の誤りが大きな事故を引き起こしかねないため、測位衛星システムの利用に関する規則が国により定められています。

　測位衛星システムを用いて得た位置情報が正確でなかったために事故が起きたり、事業上の損害が発生した場合について、誰がどの程度損害賠償の責任を負うかについて定めた特別な法律はありません。そのため、一般的な契約法や不法行為法に従って、法律上、誰がどの程度損害賠償の責任を負うかが判断されます。測位衛星システムを利用したビジネスを行う事業者としては、その提供するサービスの利用者が、測位衛星システムを用いて得た位置情報が正確でなかったために損害を受ける場合があることを理解した対応をとることが必要となります。たとえば、測位衛星システムを用いた位置情報の取得には限界があることを利用者に周知し、利用者が測位衛星システムを用いて得られた位置情報に過度に依存することを防止することや、問題が生じた場合の責任の分配について利用規約に明記しておくことで、利用者などから損害賠償の請求がなされる可能性を適切にコントロールすることが重要と考えられます。

〔藤野将生〕

コラム

宇宙技術と災害利用

　宇宙技術は自然災害にも多く利用されています。2011年の東日本大震災では、被災地全体をくまなくみることができる「だいち」という地球観測衛星の情報をもとに、政府は救援の手が及んでいない被災地をみつけ出したり、必要な救援の規模を検討することができました。また、震災直後は携帯電話の基地局が利用不能となりましたが、超高速インターネット衛星「きずな」と技術試験衛星VIII型「きく8号」を用いた通信回線が、対策本部の間のハイビジョンTV会議や住民の方々への安否情報の提供、避難名簿の確認等に利用されました。水循環変動観測衛星「しずく」などを利用した世界中の雨分布のデータと地球観測衛星で取得した地形データを組み合わせ、洪水の発生を予測することができますし、噴煙を頻度高く監視することができる温室効果ガス観測技術衛星「いぶき」と気候変動観測衛星「しきさい」、噴煙を透過して地形を観測できる「だいち2号」を組み合わせることで、火山噴火による火口の変化や森林火災による消失箇所をとらえることが可能です。

　アジア太平洋地域宇宙機関会議（ARSAF）では、2005年以降センチネル・アジアという名の各国の地球観測衛星データを共有し、災害対策に用いる取組みが進められています。2009年以降は、アジア太平洋地域のニーズに合致する小型衛星システムの共同研究、技術開発を通じ、アジア地域の人材育成と、災害対策を担う地球観測衛星をアジアで増加させることを目的としたSTAR計画が進められています。このような取組みは、技術標準を統一し、宇宙開発に関わるアジアの国々の協力体制を深める効果もあります（第7章-7参照）。宇宙技術の災害利用は、宇宙基本法24条で策定が規定されている宇宙基本計画でも、宇宙戦略の三本柱の1つとして、「安全保障と防災」が規定されているように、今後も強く推し進められていく重要な分野であると考えられます。〔田代夕貴〕

第3章
有人ステーション・有人宇宙旅行

【写真】探査機「バイキング2号」からみる火星のユートピア平原
〔写真提供＝NASA〕

第3章-1
有人ステーション・有人宇宙旅行の概要

1 有人ステーション

　宇宙空間において長期間の滞在が可能なように設計された施設を宇宙ステーションといいます。過去には旧ソ連のミールという宇宙ステーションもありました[1]。現在、実際に有人運用がなされている宇宙ステーションは、2011年から運用を開始している国際宇宙ステーション（ISS）だけです。ISSでは最大6名の宇宙飛行士が宇宙環境を利用したさまざまな研究・実験活動を行っており、ISSを宇宙ビジネスに活用する取組みもすでに始まっています。

　ところで、ISSに関する国際的な枠組みを定めたものとして、1998年に作成され、2001年に発効した「民生用国際宇宙基地のための協力に関するカナダ政府、欧州宇宙機関の各加盟国政府、日本国政府、ロシア連邦政府及びアメリカ合衆国政府の間の協定」（intergovernmental agreement、通称IGA）という多国間協定があります。

　IGAには管轄権の帰属や民事・刑事責任の取扱いに関する法律事項のほか、ISSの運営や財政などに関する非法律事項も規定されています。ISSを活用した宇宙ビジネスを行うにあたっては、宇宙条約および宇宙関連条約（第8章-3、4参照）のほか、IGAの諸規定についても理解しておく必要があります。

　有人宇宙ステーションについては、ISS以外にも中国が独自の宇宙ステーションを計画しており、民間企業のなかにも商業用宇宙ステーションを建設しようとする動きがあります。次項以下では、現時点で唯一の有人宇宙ステーションであるISSの概要およびISSでのビジネス活動について紹介します。

2 有人宇宙旅行

　これまで宇宙空間において活動を行う主体は、宇宙飛行士に限られていました。ここでの宇宙飛行士とは、宇宙条約（第8章-3参照）5条に登場する宇宙飛行士のことです。彼らは宇宙空間への人類の使節とみなされ、事故、遭難または緊急着陸の場合、条約当事国は宇宙飛行士に対し、すべての可能な援助を与えるよう義務付けられています。

　ところで、民間企業による宇宙旅行の販売はすでに始まっており、世界の大富豪のなかには宇宙旅行を実現した者もいます。

　このように、もはや宇宙に行くのは、宇宙空間への人類の使節たる宇宙飛行士に限らない時代が到来しているわけですが、このような宇宙旅行者の存在は、宇宙条約が想定していなかった事態といえます。

　宇宙旅行が現実的なものとなった今、宇宙旅行者をどう定義するのか。自己責任で旅行する宇宙旅行者をどこまで保護する必要があるのか。宇宙旅行を主催する者はどのような規制を受けるのか。未知の分野でもあり、既存の法規制（航空法や旅行業法）では対処できない部分も多く、宇宙旅行に関する新しい法的ルールを作る必要がありそうです。

　本章の最後の項では、近年、より気軽に宇宙を体験できるということで注目が高まっているサブオービタル旅行を取り上げて、法的な観点から検討すべき課題としてどのようなことがあるかについて、触れたいと思います。

〔麻　祐一〕

注 >>>>>
1)　ミールは2001年3月23日に大気圏に突入して運用を終了。

第3章-2
ISSとは

1 ISSとは

　ISSとは、国際宇宙ステーション（International Space Station）の略称です。ISSは、地上400kmの上空に建設された巨大な有人実験施設であり、1周90分で地球の周りを回っています。

　大きさは108.5m×72.8m、サッカー場とほぼ同程度で、重さは420tにもなります。最大で7名の宇宙飛行士を収容することができ、各国から参加した宇宙飛行士が実験や研究、観測などを行っています。

　ISS計画には米国、日本、カナダ、欧州各国、ロシアが参加しており、合計15の国々が協力してISSを完成させ、利用しています。

2 ISSの構成

　ISSには、宇宙飛行士が実験等を行う「実験モジュール」、宇宙飛行士の生活空間である「居住モジュール」、電力を得るための「太陽電池パドル」、船外作業を行うための「ロボットアーム」などの部位があります。

　このうち「実験モジュール」内に、日本が開発・製造した日本実験棟「きぼう」があります。「きぼう」は最大6名の宇宙飛行士が搭乗可能で、船内実験室、船外実験プラットフォーム、船内保管室、船外パレット、ロボットアーム、衛星間通信システムなど、船内外での作業や通信に必要な設備が備えられています。

3 ISS計画の歴史

　ISS計画は1984年、当時の米国のレーガン大統領が宇宙ステーション建設計画を表明し、日本、西ドイツ（当時）、フランス、イギリス、イ

タリア、およびカナダの首相に参加を要請したことから始まりました。その後、1989年から開発を開始、1993年にはロシアも参加することとなり、1998年から実際の建設が始まりました。建設にあたっては、構成部位を四十数回に分けて地上から打ち上げ、これを軌道上で組み立てました。完成までの間には、建設コストの増加、条約改定交渉、スペースシャトル「チャレンジャー」号打上げ事故、スペースシャトル「コロンビア号」の帰還事故など、幾多の困難がありましたが、2011年にようやく運用開始にこぎつけました。

　当初の計画では運用終了は2015年とされていましたが、運用開始まで27年かかったのに対して運用期間が4年というのはあまりに短いとされ、現在では2024年まで運用が延長される見通しとなっています。

4　ISSへの宇宙飛行士の滞在

　国際宇宙ステーションでの宇宙飛行士の入れ替えは、2011年以降はロシアの「ソユーズ」ロケットが担当しています。ISSに搭乗する宇宙飛行士は皆、カザフスタンのバイコヌール宇宙基地から出発し、帰還時もカザフスタンに戻ってきます。ISSでの宇宙飛行士の滞在期間は最大で約6カ月程度で、現在はクルー6名体制で運用されています。

　日本からも、2009年に初めて若田宇宙飛行士がISSに長期滞在して以来、現在までに7名のJAXAの宇宙飛行士たちがISSで実験、研究などの分野で活躍しています。

〔関口瑞紀〕

参考文献等 >>>>>
- JAXA 宇宙ステーション・きぼう 広報・情報センターHP（http://iss.jaxa.jp/iss/、最終閲覧日2018年5月25日）

第3章-3
ISSでのビジネス活動

　国際宇宙ステーション（ISS）には、日本が開発・製造した宇宙実験棟「きぼう」が据え付けられています。「きぼう」では微小重力環境や宇宙放射線などを利用した科学実験が行われており、この実験には、国や公的機関のみならず、民間企業も参加しています。宇宙航空研究開発機構（JAXA）は、ウェブサイトなどによって、国内外問わず民間にも「きぼう」を利用して実験を行うことを広く募集しています。「きぼう」内は重力が微少なので、熱対流が起こらず、また重力による沈降がないなど、地上とは異なった状況下で科学実験を行うことができます。「きぼう」外（宇宙空間）で実験を行うこともできるので、材料を直接宇宙空間にさらして行うような実験も可能です。

　「きぼう」内での実験は、JAXAが無償で行いその成果が公開される公募タイプや、JAXAに対価を支払いその成果を利用者（発注者）が独占的に取得・使用できる受託実験タイプなどがあります。

　日本のペプチドリーム株式会社は、この受託実験タイプの有償契約をJAXAと締結し、「きぼう」内でタンパク質の高品質な結晶を作ることに成功しています。「きぼう」内は微少重力下にあるので、タンパク質が規則正しい結晶状態になり、この結晶の構造を分析することによって新薬設計の研究開発の加速が期待されています。また、公募タイプでは、「きぼう」の船内環境を利用するテーマとして、ユーグレナ（ミドリムシ）による物質循環サイクルが選ばれています。

　このように、「きぼう」では特殊環境を活用したバイオ・医療分野の研究開発が行われていますが、「きぼう」内で発明された物に関する知的財産権、とりわけ特許権の取扱いはどうなるのでしょうか。

日本の特許法では、どこで誰が発明したかにかかわらず、先に特許庁に出願した者に特許を受ける権利を与えるという先願主義がとられています（特許法39条）。そのため、発明や創作行為が「きぼう」内で行われたかどうかは大きな問題にはならず、むしろ特許権を有する者の許諾なく、「きぼう」内で特許発明の実施（特許権の侵害行為）が行われた場合の処理が問題になります。この点、米国やドイツと異なり、日本は、ISS内の知的財産権に関して特段の立法措置を行っておらず、「きぼう」内の行為を日本の領域内の行為とみなすなどの規定はありません。そのため、将来、特許権侵害行為がISS内で行われた場合に、取り締まることができないといった問題が生じるおそれがあると指摘されています[1]。

　ISSでのビジネス活動は、日本だけでなく他の国でも活発に行われており、日本の「きぼう」と同様に、米国のISS実験棟「デスティニー」でも、宇宙空間を活用した科学実験が民間企業によっても行われています。たとえば、米国のナノラックス社（NanoRacks LLC）は、NASA（米国航空宇宙局）と提携することによって、「デスティニー」内の実験リソースを多数の民間企業や研究機関に提供しており、今ではISSの商業利用全般について主導的な役割を担っています。

　ISSでのビジネス活動は、「きぼう」や「デスティニー」などの実験棟の活用だけでなく、現在ではISSへの物資輸送ビジネスも運用されており、有人輸送サービスや宇宙旅行プログラムなども、実現まであと一歩というところまで来ています。ISSでのビジネス活動と聞くと、まだ非現実的な響きがあるかもしれませんが、実はかなりのスピードで発展してきているので、私たちがISSでのビジネス活動（のみならず宇宙ビジネス全般）にかかわるようになる日も近いでしょう。

〔馬場悠輔〕

注 >>>>>
1）小塚荘一郎・佐藤雅彦編著『宇宙ビジネスのための宇宙法入門（第2版）』208頁（有斐閣、2018年）。

第3章-4
サブオービタル（宇宙旅行）

1 サブオービタル旅行とは

　サブオービタル飛行（Suborbital Space Flight）による旅行とは、地表から機体を水平または垂直に打ち上げて弾道軌道を描き、その頂点（高度約100km）付近にて数分程度の宇宙体験を行う旅行をいいます。2004年、世界初の有人サブオービタル飛行がScaled Composites社により達成されました。サブオービタル旅行は、地球を周回する軌道の高度までには到達しない低高度・短時間の飛行によりますので、軌道宇宙旅行その他の宇宙旅行よりも低コストで実現可能といえることもあり、それ以降注目を集めています。また、サブオービタル飛行の高速飛行技術をいかした大陸間高速輸送機への発展も期待されています。そうすると、私たちが最初に宇宙体験をするのはサブオービタル旅行となる可能性が高いといえるでしょう。

2 サブオービタル旅行への法的規制

　サブオービタル飛行は、従来の規制が通用する宇宙ロケットと航空機の中間的な飛行形態といえますので、その飛行の法的性質を含め議論すべき点が多くあります。また、宇宙旅行には予測不可能な危険がともないますので、そのようなリスクへの手当てが重要になります（第6章-5参照）。

　米国では、商業宇宙打上げ法（Commercial Space Launch Act）により明示的にサブオービタル飛行のための打上げが規制されています。しかし、日本では、宇宙活動法（第9章-7参照）も含め、サブオービタル飛行のための打上げについて特別の規制はされていません。同法が

規制する「人工衛星等」には、地球周回衛星や探査機などおよびその打上げ用ロケットは該当しますが、サブオービタル飛行のための機体は想定されていないのです。そのため、日本ではそのような機体が航空法の適用対象となるか検討する必要があります。

また、日本でサブオービタル旅行ビジネスをするうえでは、宇宙関連条約に加え、旅行業に該当するか、消費者契約法の適用があるかなどについても検討する必要があります。ここでは消費者契約法に関係する事項について少し触れたいと思います。

商業宇宙打上げ法においては、宇宙飛行事業における乗組員（Crew）ではない宇宙飛行者を指す概念として、宇宙飛行参加者（Spaceflight participant）が用いられています。ここでいう宇宙飛行事業には、サブオービタル旅行のための飛行事業も含まれます。宇宙飛行には危険がともないますので、宇宙飛行参加者には宇宙飛行前にそのような危険への同意を求めることが、宇宙旅行ビジネス上必須になります（インフォームド・コンセント）。しかし、消費者契約法が適用される個人が宇宙飛行参加者となった場合、宇宙飛行事業者の責任をすべて免除するような同意書は、同法8条などにより無効となるおそれがあります。なお、外国で宇宙旅行に参加する日本人に消費者契約法が適用されるかは、法の適用に関する通則法11条も含めて検討する必要があります。

3 世界初のサブオービタル旅行

世界初の民間企業の宇宙船による宇宙旅行参加者を載せた宇宙旅行は、2018年5月現在、安全性の問題などからいまだ達成されていません。しかし、Virgin Galactic 社、Blue Origin 社、PD エアロスペース社などが数年内の達成を目標にサブオービタル事業を進めています。また、米国ではスペースポート・アメリカといった商業用宇宙港も複数整備されつつあります。私たちがサブオービタル旅行で宇宙を体験できる時代は目前といえるでしょう。

〔山本峻暢〕

コラム

宇宙飛行士になるには

　本書を手にとったあなたは、少なからず、宇宙への憧れをお持ちだと思います。なかには、いつか宇宙飛行士になりたいとお考えの方もいるでしょう。本コラムでは、宇宙航空開発機構（JAXA）が2008年に行った、国際宇宙ステーション（ISS）に搭乗する宇宙飛行士候補者の選抜試験（以下「本件選抜試験」といいます。）を例にとり、宇宙飛行士候補者の選抜方法およびその後の訓練について、簡単に説明します。

　本件選抜試験には応募要件があり、自然科学系分野における3年以上の実務経験（研究など）に加え、一定の泳力、英語力、身長、体重、視力などを有することなどが条件[1]とされました。10年ぶりの選抜試験ということもあってか、過去最多の963人の応募があったそうですが、ここから書類審査を経て、230人が一次試験に進みました。

　一次試験では、身体検査、心理テスト、数学・物理・化学・生物・地学の5科目、宇宙開発関連・一般教養分野のテストなどが行われました。この一次試験を合格した50名が二次試験に進み、より詳細な医学・心理検査を受け、さらにネイティブ・スピーカーとの英語面接、JAXAの方々などとの面接を経て、三次試験に進む10名が選抜されました。

　三次試験では、JAXA宇宙飛行士との面接を含む複数回の面接に加え、閉鎖環境試験が実施されました。閉鎖環境試験とは、候補者10名を約80平米程度の閉鎖環境に1週間滞在させ、さまざまな個人作業、グループワーク、ディベートなどを行わせるものであり、ストレス耐性・協調性などを測ることを目的としています。また、米国航空宇宙局（NASA）の協力を得て、ヒューストンのジョンソン宇宙センターで宇宙遊泳などの技量試験およびNASA宇宙飛行士との面接なども実施されました。こうして約2カ月に及ぶ三次試験を経て、最終的に3名の合格者が選出されました。

　もっとも、本件選抜試験はあくまで宇宙飛行士候補者を選抜するもの

ですから、彼らがJAXA宇宙飛行士として認定されるためには、さらに基礎訓練と呼ばれる約1.5年の訓練課程を終了する必要があります。基礎訓練では、基礎工学、宇宙機システム・運用の概要などを座学で学ぶとともに、サバイバル訓練、航空機操縦訓練なども実施されます。

基礎訓練を終え、晴れてJAXA宇宙飛行士として認定されると、ISSへの搭乗のアサインがされるまで、1年単位の維持向上訓練が繰り返されることとなります。維持向上訓練はNASAにおいて各国の宇宙飛行士と共同で実施されることも多く、海底の施設で1週間程度滞在するという極限環境ミッション運用訓練なども行われます。

ISS搭乗のアサインがされたら、インクリメント訓練が始まります。この訓練では、ISSで行うことが予定されている任務に応じた個別訓練に加え、ISSへの交通手段であるロシアの宇宙船「ソユーズ」の操作訓練などを行います。インクリメント訓練を終えたら、いよいよISSに赴くことになり、名実ともに宇宙飛行士になることができます。

宇宙飛行士になるために必要な選抜試験・訓練の概略は以上です。次回の宇宙飛行士の募集がいつになるかはわかりませんし、また次回も上記と同じ過程により選抜・訓練が進められるとは限りませんが、宇宙飛行士の夢を持つ読者の方の参考になれば幸いです[2]。

〔平田省郎〕

注 >>>>>
1) 当時の募集要項はJAXAのHPで現在も公開されているので（http://iss.jaxa.jp/astro/select2008/pdf/bosyuyoko.pdf）、詳細を知りたい方はそちらを参照してください。
2) NHKが本件選抜試験を継続して取材しており、その内容は大鐘良一・小原健右『ドキュメント宇宙飛行士選抜試験』（光文社、2010年）にまとめられています。また、本件選抜試験の選抜事務局長を務めた柳川孝二氏の『宇宙飛行士という仕事』（中央公論新社、2015年）にも本件選抜試験・その後の訓練の詳細が記されています。本コラム記載にあたっても、両書を参考にさせていただきました。

第4章
軌道上サービス

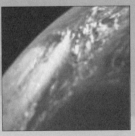

【写真】左：サイコロ型の超小型人工衛星「キューブサット」
　　　　右：キューブサットにより撮影された地球
　　　〔写真提供＝東京大学中須賀船瀬研究室〕

>>>>>> 第4章-1 >>>>>>
軌道上サービスの概要

　ロボット技術の発展により、さまざまな作業を宇宙空間において行うことが可能となっています。こうしたロボット技術などを利用して、軌道上（低軌道や静止軌道）において提供されるサービスを「軌道上サービス」といいます。

　たとえば、地球を周回している人工衛星のうち95％以上を占めているといわれる寿命の尽きた人工衛星（推進燃料を失った人工衛星や、事故や故障により機能を失った人工衛星など）の捕獲、修理、除去といったサービスや、推進燃料の補給や部品の交換により、こうした人工衛星を再稼働させるサービスが、新たな軌道上サービスとして研究されています。これまでは人工衛星の寿命が尽きた場合、新たな人工衛星を打ち上げざるをえませんでしたが、修理や燃料補給によって同じ人工衛星を再利用することができるようになれば、人工衛星の製造費や打上げコストを劇的に抑えることが可能となります。また、稼働中の人工衛星についても、宇宙空間において修理や保守作業を行うことができれば、各人工衛星をより長期間活用することが可能となります（第4章-3参照）。

　その他にも、国際宇宙ステーションに設置されている3Dプリンターの製造会社であるアメリカのMade In Space社は、打上げがそもそも困難な大型機械や構造物の組立てや、設置を軌道上において行う自律型ロボットおよび宇宙空間工場の実現に向けた開発・研究を進めています。宇宙で直接製造・組立てを行うことにより、打上げ時の耐性やリスクを考慮する必要がなくなり、機械や構造物の設計や材料などの選択の幅が大きく拡がるといわれています。

　また、人工衛星の衝突や爆発などに起因して発生した破片や部品など

のスペースデブリ（宇宙ゴミ）を、軌道上から除去するサービスも注目されています（第4章-2参照）。近い将来、民間会社による多数の人工衛星の打上げが計画されており、スペースデブリの発生リスクや衝突リスクは、今後ますます大きな問題になることが予想されます。そのため、デブリ除去技術の発展は、人工衛星の安全確保のため必要不可欠といえるでしょう。

　軌道上サービスは、人工衛星のコスト削減、長期利用、また宇宙空間における作業領域の拡大や安全確保に資するなど、将来の宇宙ビジネスの根幹を支える重要な役割を担うものと考えられます。また、このサービスは、小型衛星コンステレーションによる高頻度観測サービス、宇宙資源開発などと並び、いわゆる「New Space」と呼ばれるベンチャーを中心として急速に発展している新たなビジネスモデルのひとつとしても位置付けられています（序章-4参照）。日本では、内閣府宇宙政策委員会が策定した「宇宙産業ビジョン2030」において、事業環境の整備などを通じて、軌道上サービスを含めた新しい宇宙ビジネスの発展を積極的に図っていくものとされており、今後の展開が期待される宇宙ビジネス分野のひとつといえるでしょう。

〔野原俊介〕

第4章-2
デブリ除去

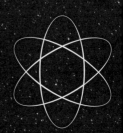

　スペースデブリとは、地球周回軌道や大気圏再突入途上にある不要な人工物体のことで、宇宙ゴミとも呼ばれます。役割を終えた人工衛星やロケット、それらの外部塗料やミッション関連部品、衝突や爆発により発生した残骸・破片などが典型的な例です。

　デブリは、1mm以下の微少なものを含めると、推定5兆8,000億個も存在するといわれています。ところが、地上から追跡可能な10cm以上のものは2万個程度にすぎません。秒速7km以上もの高速で周回するデブリが、運用中の人工衛星や宇宙飛行士と衝突すれば、甚大な被害が発生しかねません。現に、通信衛星が大破・損傷した例も報告されています。増加の一途を辿るデブリの脅威は年々高まっており、実効性ある対策を講じることが、宇宙ビジネスの更なる進展のためにも喫緊の課題であるといえます。

　この対策のひとつに、デブリの「増加」を防止する取組みが挙げられます。我が国では、宇宙活動法（第9章-7参照）において、人工衛星打上げ許可の一条件として「人工衛星等が分離されるときになるべく破片等を放出しないための措置が講じられているものであること」や、人工衛星管理許可の一条件として「人工衛星の構造が、その人工衛星を構成する機器及び部品の飛散を防ぐ仕組みが講じられていること」などが定められています。他方で、宇宙関連条約（第8章-3、4参照）には、実効的なデブリ対策を義務付ける明確なルールはありません[1]。ただし、法的拘束力こそないものの、世界の主要宇宙機関が参加する国際機関間スペースデブリ調整委員会が作成した「IADCスペースデブリ低減ガイドライン」というデブリ発生防止の技術基準が国際的に遵守されていま

す。

　もうひとつの対策として、デブリを「除去」する取組みが挙げられます。デブリは、互いに衝突を重ねることで自己増殖していくことが懸念されており、もはや「増加」を防止するだけでは不十分です。この点に関しては、混雑軌道上にある大型のデブリを年間5〜10個程度除去すれば、現在の水準を維持できると予測されています。もっとも現状では、技術的に有効なデブリ除去技術が確立されているとまではいえません。そして法的には、現在の地球周回軌道上にあるデブリの所有者に除去義務はないと考えられています。宇宙関連条約を根拠に、デブリを生じさせた国が除去義務を負うとの見解への国際的コンセンサスも得られていません。これらの状況を踏まえて、宇宙活動を行う各国が除去技術の研究を進めているほか、民間においても、デブリ除去をビジネスにつなげる機運が高まっています。デブリ除去サービスの開発に取り組む日本発の宇宙ベンチャー企業に対して、国内上場企業や官民ファンドが大型出資を行うなど、デブリ除去ビジネスは高い注目を浴びています。

〔井上龍太郎〕

注 >>>>>
1)　たとえば、宇宙条約9条では、宇宙空間の有害な汚染から生ずる地球環境の悪化を避けるために適当な措置をとることや、宇宙空間での活動が他国に潜在的に有害な干渉を及ぼすと考えられるときは事前に国際協議を行うことなどが義務付けられていますが、具体的内容や実効性に乏しいといわざるをえません。

第4章-3
軌道上サービス

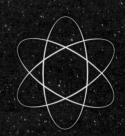

　軌道上で衛星に燃料補給をしてその寿命を延ばしたり、衛星の軌道修正や修理をしたり、壊れた衛星を軌道の外に脱出させたりする「軌道上サービス」ですが、その産業規模の予想は急拡大しています。数百から数千機の小型衛星を打ち上げ、それぞれをつなぐことで、世界中のどこにいても瞬時にインターネットにつながる世界、つまり衛星コンステレーションの時代が実現されれば、現在ネットワークに接続していないとされる世界の40億人以上の人々に、高速のブロードバンドサービスを通じたIoTが提供されます。地上の生活は劇的に変わりますが、では宇宙では何が起きるでしょうか。

　現在、地上から観測可能な10cm以上の「ぶつかったら致命的」だとされる大きさのスペースデブリだけでも約2万個が宇宙空間にあり、これが秒速約7.5kmで高速に軌道を回転しているといわれています。スペースデブリは人類が衛星を打ち上げはじめてからたった60年の間に出してしまった「宇宙ゴミ」であり、現在も有効な解決策のないまま増え続けています。

　ロケット上段を含む「間違いなく日本が出した」といい切れるデブリについて日本が率先して除去を行おうとする場合、またはその他のデブリ除去を含む「軌道上サービス」を行おうとする場合、民間事業者は、技術上の課題に次いで、損害賠償のリスク低減などが課題となります。すなわち技術上の課題がクリアされ、壊れた衛星に慎重に近づきデオービットさせるとき、万が一にも事故を起こしたら一回で会社がなくなってしまうような損害賠償責任を負うのであれば、誰も民間でそのビジネスを行うことができないのです。

我が国において 2016 年 11 月に成立した宇宙活動法（第 9 章−7 参照）は、欧米にならい、ロケット打上げ時の地上損害については強制保険および政府補償制度を定めています。これは国民の安全を守るとともに産業振興の意図が色濃く出ているといえます。しかし、宇宙空間において引き起こされた損害についての手当ては今のところされていません。この点イギリスでは、宇宙空間で発生した損害についても政府補償の対象となると解される Space Industry Act が、2018 年 3 月に成立しました。「軌道上サービス」という産業は、イギリスのように産業界がチャレンジできる土壌を整備した国に流れることが容易に想像でき、実際、すでに複数の英国外の宇宙ベンチャー企業がイギリスでの拠点設立やイギリスへの本社移転を行いつつあります。イギリスは、英国宇宙産業政策として、2030 年までに国際市場の 10％を獲得することを目標に掲げており、その本気度がうかがえます。

　日本においてもこの点における議論の機運が高まり、2017 年 10 月内閣府および経済産業省共催による「宇宙ビジネスを支える環境整備に関する論点整理タスクフォース」が立ち上がり、ここで議論された主な論点は 2018 年 6 月 7 日に宇宙政策委員会に報告されました。今後の議論次第では、事業者に一定額までの付保義務を負わせ、これを超える損害が生じた際には政府補償をつけることが検討される可能性があります。この制度ができれば、デブリ除去や故障した衛星のデオービットその他の「軌道上サービス」を行う民間企業がビジネスを行う土壌が、日本にもできるといえます。

　日本の宇宙産業がこれから大きく発展していくためのさまざまな仕組み作りには、民間事業者という Player、ルールを作りこれを執行する立法府および行政府、保険制度をになう保険会社、そして日本の宇宙機関である JAXA など、さまざまな立場から相互協力が不可欠であるといえます。

〔新谷美保子〕

コラム

隕石について

1 隕石の数、落下頻度

　隕石とは、惑星間空間に存在する固体物質が、地球などの惑星の表面に落下してきたもののことをいいます。

　地球に落ちてきた隕石の数は、2010年の時点で判明しているだけでも62,000個で、そのうち48,000個が南極に落ちた南極隕石です。

　隕石の落下は過去100年間で605回確認されており、陸地と海の面積比率、および発見率でこれを修正すると、地球全体では100年間で4,000回（40回／年）落下していると推計されます。

　宇宙空間からの地球への落下物には、隕石以外にも、スペースデブリなどの人工物が考えられますが、現在カタログ化されているスペースデブリの地球への落下頻度は1日1回程度です。

2 隕石の落下による災害

　隕石の落下は、隕石が直撃した物体を破壊するだけでなく、衝撃波の発生などにより周囲に大きな被害をもたらすおそれがあります。

　たとえば、ロシアのチェリャビンクス州に2013年2月15日に落下した直径17mの小惑星は、大気圏突入後に上空約30kmで爆発しました。落下経路に多数の隕石が落下しただけでなく、爆発地点から半径50kmの範囲の建物のガラスが割れ、飛散したガラス片でおよそ1,500人が負傷するなど、大規模な自然災害となりました。

3 もしも隕石が落ちてきたら

　落下した隕石は誰の物でしょうか？　それは、落下地の国内法によって決定します。日本であれば、地表に落ちた場合は所有の意思を持って拾った人の物になり（民法239条1項）、土地に埋まった場合には不動

産の一部となり土地の所有者の物になります（民法242条）。また、隕石の衝突で生じた損害は自然災害のため、損害賠償請求はできません。

では、もし宇宙空間から落下してきたのがスペースデブリなどの人工物の場合はどうでしょうか？　まず、所有権については、宇宙救助返還協定により、宇宙物体が落下した条約締結国は、打上げ機関の要請に基づいて返還しなければならないと規定されています（宇宙救助返還協定5条2項、3項）。また、損害の賠償については、スペースデブリなどの人工物の場合、これを打ち上げた国が、地表で発生した損害についての無過失責任を負うこととなります（宇宙損害責任条約2条）。

4 スペースガード

隕石やスペースデブリなどの地表への落下、宇宙空間での人工衛星への衝突は、甚大な人的・物的被害を及ぼすおそれがあります。

こうした危険を未然に予測・回避するために、隕石や小惑星、スペースデブリなどの動きを観測・追跡する活動（スペースガード）が行われています。国際的には「スペースガード財団」（NPO）がこれを担っており、日本にも「日本スペースガード協会」（NPO法人）が存在し、隕石・小惑星やスペースデブリなどの観測・研究等を行っています。

〔関口瑞紀〕

参考文献等 >>>>>
- 高橋典嗣「隕石落下のリスク評価―100年間の落下隕石―」99-103頁（日本スペースガード協会 スペースガード研究センター「ASTEROID」vol23.）（http://www.spaceguard.or.jp/RSGC/results/ASTEROID_23_4/Vol.23-99-103.pdf、最終閲覧日2018年5月25日）
- wikipedia：隕石（https://ja.wikipedia.org/wiki/%E9%9A%95%E7%9F%B3、最終閲覧日2018年5月25日）

第5章
宇宙資源探査その他の宇宙ビジネス

【写真】沖縄県石垣島にあるVERA石垣島観測局の
「20メートル電波望遠鏡」と天の川
〔写真提供＝国立天文台〕

第5章-1
宇宙資源探査その他の宇宙ビジネスの概要

　従来の宇宙ビジネスは、大型ロケットの打上げや人工衛星の利用などが主流でしたが、これらの宇宙ビジネスのためには莫大なコストがかかることから、官公需・既存大企業によって推進されてきました。しかし、近年、技術革新によるコストの低下やベンチャー企業への投資の活性化などにともない、ベンチャー企業による従来のそれとは異なるさまざまなタイプの新たな宇宙ビジネスが推進されています。

　このような新たな宇宙ビジネスのひとつが宇宙資源開発です。宇宙資源開発は、月や小惑星などの天体から資源を採掘し、当該資源を利用する活動を指します。宇宙資源開発を推進する企業は、小惑星資源開発を主軸とする企業と月面資源開発を主軸とする企業に大きく分類されます。前者については、レアメタルなどの鉱物を大量に含む小惑星を発見し、採掘することによって、これらの鉱物を宇宙資源として活用することをビジネスモデルとして想定している一方で、後者については、月面に存在する水やヘリウム3などに着目し、これらを分解することにより宇宙資源として活用することをビジネスモデルとして想定しています。宇宙資源開発がビジネスとして成立するようになれば、火星などの深宇宙探査を行う際の燃料補給や宇宙空間における人工衛星の軌道修正のための燃料補給が可能となり、地上から搭載する燃料を削減することができるため、打上げコストの削減、ひいては宇宙活動の促進にもつながると考えられています。

　宇宙資源開発以外にもさまざまなタイプの新しい宇宙ビジネスが各企業により推進されており、その一部について以下で紹介します。

　宇宙ホテルは、宿泊施設を宇宙空間に打ち上げ、一般人を対象に、ホ

テルとして運営することを想定したビジネスです。宇宙ホテルに宿泊を希望する者は一定期間の訓練を受けた後、当該宿泊施設に滞在し、微小重力のなかで宇宙ホテルに設置された窓から地球や宇宙空間を楽しむことができるとされています。宇宙ホテルへの旅行プランの予約受付もすでに始まっており、数年のうちに宇宙ホテル業務を開始することが想定されています。

　宇宙エレベーターは、宇宙ステーションと地上をケーブルでつなぎ、昇降機で宇宙空間と地上を往来することを可能にする輸送手段です。従前から理論的には可能であるとされていましたが、近時の技術革新によって開発が現実的になっています。宇宙エレベーターは、ロケットによる大気汚染やロケットの墜落などの危険をともなわない宇宙空間への輸送手段としての活用が期待されており、日本の大手総合建設会社においても研究が進められています。

　また、宇宙における冠婚葬祭ビジネスに着目する企業もあります。宇宙の持つ神秘性を冠婚葬祭の場として利用したいというニーズもあり、たとえば、宇宙に遺骨を打ち上げて大気圏に突入させることにより、火葬を行う宇宙葬といったビジネスモデルも登場しています。

　その他にも、衛星軌道上から大気圏に向けて物質を放出することで人工的に流れ星を作り出すビジネスや、宇宙空間の映像・コンテンツビジネスなど、近年の宇宙ビジネスは多岐にわたっています。

　これらの多種多様な宇宙ビジネスを促進するために、宇宙航空開発機構（JAXA）や官公庁においてもビジネスコンテストやネットワーキングの場が積極的に設けられており、特にベンチャー企業による宇宙ビジネスの促進に寄与しています。

〔伊豆明彦〕

第5章-2
資源開発

　宇宙資源開発とは、月や小惑星において水や鉱物などの非生物資源（以下「宇宙資源」といいます）を探査および採掘し、人工衛星の運用や火星などの深宇宙探査といった宇宙活動のエネルギー（ロケットの燃料など）として活用することを指します。広義には宇宙資源を地球に持ち帰って利用することも宇宙資源開発に含まれますが、現時点で存在する宇宙資源開発事業に取り組む企業の多くは、宇宙資源の宇宙内での利用を当初の事業モデルとして想定しています。

　宇宙資源開発をビジネスとして行う場合には、宇宙条約や国際法上、民間企業に宇宙資源を所有する権利が認められるかが重要な問題となります。

　採掘した宇宙資源を所有する権利が民間企業にあるかについて考える前提として、まず、月や小惑星などの天体それ自体を所有する権利が民間企業に認められるかについて検討します。宇宙条約では、「月その他の天体を含む宇宙空間は、主権の主張、使用もしくは占拠またはその他のいかなる手段によつても国家による取得の対象とはならない」（2条）と規定されていることから、国家による天体それ自体の所有は宇宙条約上、明示的に禁止されています。また、現代においては、民間企業が土地を所有する権利は、当該民間企業が所属する国家の承認によって成立するものと考えられています。そして、宇宙条約では、条約の加盟国に、自国の民間企業の活動に対する監督責任を規定しています（6条参照）。そうだとすれば、国家による天体それ自体の所有が禁止されていることから、宇宙条約の加盟国が自国の民間企業に対して天体それ自体の所有を承認することもできず、その結果、民間企業による天体それ自体の所有

も認められないと考えられています。

　もっとも、民間企業による天体それ自体の所有が宇宙条約上禁止されていることにより、民間企業による宇宙資源の所有についても当然認められないということにはなりません。まず、天体それ自体と異なり、宇宙資源の所有については、宇宙条約上、明示的に禁止されていません。また、宇宙条約の起草過程においても宇宙資源の所有を禁止することが前提とはされていませんでした。そのため、国際法において明示的に禁止するルールがない限り、国家がその領域内で管轄権（主権）を自由に行使できるとする「ローチュス号事件」判決（常設国際司法裁判所（PCIJ）、1927年）が示した原則（Lotus原則）に基づき、各国が民間企業による宇宙資源の所有を承認することは、国際法上容認されていると考えることができます。なお、月協定においては、太陽系の地球以外のすべての天体などにおける天然資源が人類の共同の財産に該当するとされ（1条、11条1項）、採掘前の天然資源に対する所有権が明示的に否定されています（11条3項）。もっとも、アメリカや日本も含め、主要な宇宙活動国は月協定に加盟しておらず、これらの非加盟国は当該規定には拘束されません。

　以上のように、宇宙条約上、民間企業に宇宙資源に対する所有権が認められるという解釈を前提として、アメリカでは2015年11月25日に、民間による宇宙資源開発を認める世界初の法律である「商業宇宙打上げ競争力法」が発効されました。また、アメリカに続いて、ルクセンブルクでも2017年8月1日から、民間による「宇宙資源開発を認める宇宙資源の探査および利用に関する法案」が施行されています。これら諸外国の立法を皮切りに、宇宙資源開発に関するワーキンググループや研究会が発足されるなど、民間企業による宇宙資源開発を活性化させる流れが国際的にも生まれており、宇宙資源開発ビジネスは今後さらに注目されていくと思われます。

〔伊豆明彦〕

第5章-3 その他の宇宙ビジネス

1 宇宙ホテル：間近に迫る旅行者向け宇宙ホテル開業

　さまざまなベンチャー企業が地球低軌道上での宇宙ホテル開業を想定した計画を発表しています。米国のアクシオム・スペース社は、国際宇宙ステーション（ISS）のモジュール技術を活用しながら、商業宇宙ステーション建設を目指す企業です。2022年に最初のモジュールを打ち上げてISSへ接続したうえで、ISSの運用停止以降に切り離して独立の居住モジュールとして宇宙旅行にも活用する計画です。

　また、米国のビゲロー・エアロスペース社は、2021年に膨張式居住モジュールを2機打ち上げることを計画していますし、米国のオライオン・スパン社は、2022年に最初の宇宙旅行者をモジュールに滞在させる計画を発表して、12日間の滞在を950万ドルで提供するとしました。

　さまざまな企業が3年先などの短い時間軸で計画を発表する状況ですので、個々の打上げやホテル化に遅れが生じたとしても、企業間競争によって宇宙ホテル開業が早期化することが期待されます。なお、宇宙ホテルへの宇宙旅行ビジネスには日本では旅行業法等が適用されます。

2 宇宙活動を加速度的に発展させる宇宙エレベーター

　宇宙エレベーターは、人・モノの移動の危険や費用を低減させて、宇宙活動の急速な発展をもたらしえます。大林組は2050年の完成を想定した「宇宙エレベーター建設構想」を発表しました（コラム「宇宙エレベーターの歩み」参照）。

3 宇宙葬：神秘的で壮大な冠婚葬祭

　宇宙の神秘的で壮大なイメージを人生のイベントに重ねたい人もいるでしょう。人間の体は星が一生を終えるときに放出された炭素やカルシウムなどからできているので、散骨で宇宙に戻るともいえそうです。また、宇宙旅行は高額ですから、せめて遺骨で旅に出たい人もいるでしょう。宇宙葬ビジネスはすでに進んでいて、人工衛星に搭乗した遺骨が地球を周回した後に地球に再突入して「火葬」されるプラン、月面や深宇宙に「納骨」されるプランなど、さまざまなプランと料金があります。日本では2040年まで死亡者数が増加傾向にあり、デブリの観点からの注意は必要であるものの、宇宙葬ビジネスの広がりも期待されます。

4 流れ星やその他の拡がる宇宙ビジネスへの期待

　日本のALE社は、特殊な素材の粒を人工衛星から宇宙空間に放出して大気圏に突入させることで、流れ星を人工的に実現する事業を目指しています。同時に、自然界の隕石や流れ星のメカニズムを解明するなど、科学の発展にも貢献したいとしています。今から約6500万年前、巨大隕石の衝突が恐竜を絶滅させたといわれていますが、人工流れ星の研究が人類を隕石による絶滅から救うかもしれません。日本発の事業が世界に感動を与えて科学も発展させることを大いに期待したいところです。

　宇宙を活用したビジネスを発掘するために、内閣府宇宙開発戦略推進事務局は国立宇宙航空研究開発機構（JAXA）や民間スポンサーらとともに、宇宙ビジネスアイデアコンテスト（S-Booster）の実施や事業化支援などを行っています。また、日本初の民間宇宙ビジネスカンファレンス（SPACETIDE）は、宇宙産業の生態系形成を促して、2020年までに新たな宇宙ビジネスプレイヤーを50社生み出したいとしています。この機運に乗ってさまざまな宇宙ビジネスが始まり、ビジネスの推進を支える法制度整備も進むことが期待されます。

〔岡本茂久〕

コラム

技術とロマンを乗せて飛ぶはやぶさ

　はやぶさという惑星探査機がイトカワという小惑星にたどり着き、7年の旅を終えて地球に帰ってきたという話は、当時ニュースでも取り上げられていたことからご存知の方も多いのではないでしょうか。

　はやぶさは世界トップクラスの技術を用い、世界初の試みをいくつも成し遂げました。新型のイオンエンジンを使うこと、探査機が自動で小惑星に降りること、小惑星のサンプルを採取すること、地球スイングバイによってイトカワに向かうこと、サンプルを収めたカプセルを地球に届けることなどです。たとえば地球スイングバイとは、地球の重力と公転速度を利用してハヤブサのスピードを上げ、向きを変えることをいいます。イオンエンジンの威力はとても弱いので、地球スイングバイによってはやぶさを地球に放り投げてもらうのです。

　また、イトカワに着陸する際に、はやぶさに降りる地点を教えるため、目印になるマーカーを先に切り離します。その際、イトカワは重力が小さいのでただマーカーを落としただけでは跳ね返って宇宙の彼方に飛んで行ってしまいます。そこで、マーカーがはねないよう、金属のお椀を2つあわせた球状のものにプラスチックのビーズを入れてお手玉のようにし、イトカワに落ちたときにべしゃっと潰れるようにしました。

　このように、精緻を極めた技術を乗せて飛び立ったはやぶさですが、それと同時にとてもロマンティックな旅だったともいえます。はやぶさがイトカワから20kmのところまで辿り着いたとき、イトカワと同じ速さになり、同一の軌道を飛行しました。これを「小惑星ランデブー」といいます。ランデブーという言葉には様々な意味がありますが、イトカワとはやぶさが約束の出会いを果たしたように思えます。

　また、はやぶさがエンジンの故障のため再び宇宙に旅立つことがかなわず、カプセルを切り離した後燃え尽きてしまうことがわかっていたた

め、JAXAの人たちははやぶさに最後に地球を見せてあげようと壊れたエンジンで向きを変え、カメラを地球に向けて写真を撮らせます。世界屈指の技術を持つ人たちが、はやぶさをまるで感情を持っているかのように扱う姿に、ロマンを感じずにはいられません。

　2018年6月29日には、はやぶさ2号機がリュウグウという小惑星に到達し、現在も様々なミッションを行っています。2号機もたくさんの旅の思い出をもって地球に戻ってきてくれることを望んでやみません。

〔畑中淳子〕

参考文献等 >>>>>
- 松浦晋也解説、川口淳一郎監修『小惑星探査機「はやぶさ」大図鑑』(偕成社、2012年)

第6章
周辺産業

【写真】南米チリ共和国の標高5000mにあるアタカマ砂漠に設置されている「アルマ望遠鏡山頂施設」〔写真提供＝国立天文台〕

第6章-1
周辺産業の概要

　宇宙ビジネスは、宇宙空間での活動と関連する産業であるという特徴を有していますが、当然のことながら、宇宙空間での活動がそれだけで完結するわけではなく、既存の地上の産業とさまざまな形での結びつきを有しています。

　まず、宇宙ビジネスもビジネスである以上、元手としての資金が必要となります。このような資金調達活動は、いわゆる「ファイナンス」と呼ばれる領域であり、すでにさまざまな資金調達の手法が既存のビジネスでも用いられています。ただ、宇宙空間での活動は、これまでの地上の活動とは異なるリスクを有しており、資金調達においてもそれに応じたリスク配分の仕組みを検討していく必要が出てきます。また、宇宙空間への物理的なアクセス手段に技術的にもコスト的にも制約があるなかで、資金提供者が債権回収をどのように担保していくかについても、新しい課題が生じてきます。これらの資金調達、すなわち「宇宙ファイナンス」について、第6章-2から4では、人工衛星打上げの場面を中心に宇宙ファイナンスと担保に関する問題を紹介しています。

　次に宇宙ビジネスのひとつの大きな特徴である、巨大なリスクへの対応として保険が重要になってきます。もともと、損害保険自体が海上貿易とともに発展してきたように、今後、人類の活動が宇宙空間に広がっていくにつれて、リスク分散の仕組みとしての宇宙保険の重要性も増していくこととなります。とりわけ、宇宙ビジネスの特徴として、人工衛星などが地上に落下した場合には、第三者にも大きな損害が生じうる可能性があり（こうした特徴を経済学的には「外部性の問題」といいます。）、こうした大きな外部性への対処のひとつとしても保険は重要です。

第 6 章-5 では、宇宙保険の概要について紹介しています。

　また、物理的アクセスに限界のある宇宙空間での活動と地上の活動のリンクとなるのは情報通信技術ですが、すでに地上でのビジネスでも大きな問題となっているようにサイバーセキュリティの確保は大きな課題となります。第 6 章-6 では、実際に宇宙空間におけるサイバーセキュリティが問題となっている事案を紹介しています。

　さらに、地上の産業で培われた技術と従前の宇宙産業で培われた技術の相互活用・融合も進んでおり、第 6 章-7 では、衛星ビッグデータの利用や宇宙開発におけるロボティクス技術の活用について紹介しています。

　このほかにも、無重力環境での医薬品の開発や宇宙空間での太陽光発電など、従来地上でも発展してきた産業技術に宇宙空間の特性を応用することで新たな可能性が期待されている分野もあります。

　今後、民間主体での宇宙活動がより活発化するにともない、既存の地上産業への応用や、その宇宙ビジネスとの相互利用はさらに進んでいくことが期待されています。かつて先端・独立の産業分野だった情報通信（IT）産業が、現在ではあらゆる産業における不可欠の要素となっているように、宇宙産業もまた人類の活動領域の拡大にともなって、産業全般の不可欠要素となる日も遠くないのかもしれません。

〔中山龍太郎〕

第6章-2
宇宙ファイナンス①

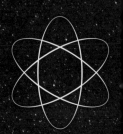

　宇宙ビジネスには、巨額の資金を必要とするものも少なくありません。宇宙資源開発などはそのよい例でしょう（第5章-2参照）。しかし、宇宙ビジネスに必要な資金をすべて自らの手元資金で賄うことは、容易でないこともあります。そのような場合には、銀行などの金融機関からの借入れなど、外部からの資金調達を検討することになります。ここでは、人工衛星を打ち上げて、打ち上げられた人工衛星を用いてビジネスを行うプロジェクトに必要な資金を調達する場合を例にとって、宇宙ビジネスに関する資金調達（宇宙ファイナンス）の特徴について概説します。

　人工衛星の打上げプロジェクトを実施する事業者が高い信用力を有しているのであれば、通常の銀行借入や増資などの方法による資金調達を行うことも可能です。一方で、事業者が高い信用力を有していないような場合や、事業者自体が高い信用力を有しているとしても、宇宙ビジネスのリスクなどを理由に事業者自体の信用力を裏付けとする資金調達を望まない場合には、人工衛星の打上げプロジェクト自体の収益力や人工衛星という物自体の換価価値に着目した資金調達の方法を検討することが必要になります。これらの具体的な手法については第6章-2　宇宙ファイナンス②で詳述しますので、ここでは、どのような手法をとるかを検討するに際して必要となる基本的な視座について考えてみます。

　一口に「人工衛星の打上げプロジェクト」といっても、実際にはさまざまな段階を経て打ち上げられた人工衛星を用いたビジネスを行うことが可能となります。具体的には、まず最初に、打ち上げる人工衛星を製造する段階（製造段階）があり、次に製造された人工衛星を射場まで輸送する段階（輸送段階）、その後実際に人工衛星を打ち上げる段階（打上

げ段階)、最終的に打ち上げられた人工衛星を使ったビジネスを行う段階(商業運転段階)があります。このうち、商業運転段階に至れば、人工衛星を用いたビジネスから収入を得ることができるようになりますので、商業運転開始後に必要な資金はビジネスから得られる収入のなかから賄うこともできます。しかし、製造段階、輸送段階および打上げ段階においては、人工衛星を用いたビジネスから得られる収入は発生していないのが通常です。そのため、各段階において必要な資金(製造段階であれば人工衛星の製造費用、輸送段階であれば輸送費用、打上げ段階であれば打上げ費用など)をどのようにして調達するのかを考える必要があります。そして、銀行などの資金を提供する者は、常に資金提供をすることにともなうリスクとリターンを検討して資金提供の条件を定めます。人工衛星の打上げプロジェクトのための資金調達を検討する際には、製造段階、輸送段階、打上げ段階の各段階におけるリスクを洗い出したうえで、それぞれのリスクについて何らかの方法で対処することができるのか、対処することが難しいリスクについてはプロジェクトに関与しているどの当事者にそのリスクを負担させることが適切なのかを考えることが必要になります。具体的には、製造段階においては人工衛星が予定された期日までに完成しないリスク、完成した人工衛星に不備があるリスクなどがあります。輸送段階においては輸送中の事故で人工衛星が破損・滅失するリスク、打上げ段階においては打上げが失敗に終わるリスクなどがあります。こうしたリスクのなかには保険などでカバーできるものもありますが、容易にカバーできないものもあり、そのようなリスクを事業者と資金提供者のどちらが負担することが公平なのかを考えたうえで、それを資金調達の際の条件に反映していくことになります。

　このようにプロジェクトがさまざまな段階から構成され、かつ、各段階ごとに想定されるリスクが異なる点を資金調達の条件に反映させる必要があることが、宇宙ファイナンスの大きな特徴のひとつといえます。

〔齋藤崇〕

>>>>>> 第6章-3 >>>>>>
宇宙ファイナンス②

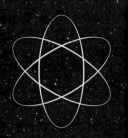

　人工衛星の打上げプロジェクトのための資金調達の手法としては、事業者自身による銀行借入など事業者自体の信用力を裏付けとするものだけでなく、プロジェクト自体の収益力や人工衛星という物自体の換価価値に着目したものもあります。以下、これらの手法の内容や特徴を概説します。

1 プロジェクト・ファイナンス

　プロジェクト・ファイナンスとは、特定の事業（プロジェクト）に対するファイナンスであって、その返済原資が原則として対象となるプロジェクトから生じる収益（キャッシュフロー）に限定されているものをいいます。資源開発やプラントの建設など多額の資金を必要とするプロジェクトに対する資金調達手法として用いられており、近年の日本では、再生可能エネルギーを用いた発電事業における資金調達手法として広く利用されるようになっています。こうした手法は人工衛星の打上げプロジェクトにおける資金調達手法のひとつの選択肢になると考えられており、実際に日本国内でも（数は多くはありませんが）実例が存在しています。

　プロジェクト・ファイナンスにおいては、プロジェクトの各段階ごとに存在するリスクを把握し、そのリスクを関係当事者間で適切に分配することが必要不可欠です。特に、人工衛星の打上げプロジェクトについては、少なくとも現時点において、人工衛星自体の不備や人工衛星を運営・管理するシステム上の不備、打上げそのもののリスクなど、プロジェクト・ファイナンスが利用されている他の事業と比べると、技術的な面

でのリスクが多数存在します。そのため、それらのリスクを誰にどのようにして分配するのかが大きなポイントとなります。また、プロジェクト・ファイナンスにおいては、事業が立ちゆかなくなった場合に貸付人主導で事業運営者の交代などを行わせて、対象事業を立て直せること（ステップ・インなどと呼ばれます）が重要視されます。事業運営者に代替可能性があることも取引を組成するうえでの重要なポイントのひとつになりますが、人工衛星の打上げプロジェクトにおいては事業運営者の代替可能性が低いこともあり、その点に対する対処も検討する必要があります。

2 アセット・ファイナンス

　アセット・ファイナンスとは、一定の設備を必要とする者がその設備を調達するために用いる手法であり、航空機、船舶などの調達のために広く用いられています。設備を必要とする者が設備投資のための資金を調達する場合には、まずは自らの信用力を裏付けとした資金調達を検討することになると思われます。また、自らの信用力を裏付けとする資金調達よりも調達する設備の換価価値に着目した資金調達を行った方が有利な場合には、アセット・ファイナンスという手法で設備を調達することが検討されます。

　アセット・ファイナンスにおいては、銀行などは対象となる資産の換価価値に着目して融資を行いますので、対象となる資産を換価処分することができる市場（いわゆるセカンダリー市場）が存在しているかが、取引を組成するうえでのポイントのひとつとなります。人工衛星については、近年セカンダリー市場が成立しつつあるといわれていますが、航空機や船舶などに比べるとまだ市場の規模も小さく、換価処分の可能性も高くありません。人工衛星の打上げプロジェクトにおいてアセット・ファイナンスの手法が広く活用されるためには、人工衛星のセカンダリー市場の発展が大きなポイントのひとつになるでしょう。　〔齋藤崇〕

第6章-4
宇宙ファイナンス③

　不確実性がともなう宇宙関連事業について、特に新興企業やある事業のためにのみ設立された特別目的会社（SPC）といった信用力に劣る民間事業者が円滑に資金を調達するためには、当該事業に関連する資産・権利の担保提供が有用です。現状、日本では宇宙空間の資産（宇宙資産）のみを対象とした担保法制はなく、宇宙資産への担保設定は動産譲渡担保権の設定によるものと考えられますが、宇宙空間に存在する宇宙資産にどのように対抗要件具備のための「引渡し」（民法178条）を行うかなど、宇宙資産への国内法に基づく担保設定は不明確性がともないます。また、宇宙関連事業の特性として、国内のみならず国境を越えたビジネス展開が想定されますが、特に新興国における担保法制は確立していない場合もあり、その調査分析などに大きなコストを要しえます。こうした障害を克服すべく、宇宙資産に関する資産担保金融の共通ルールを定めるため、宇宙資産議定書（宇宙資産に固有の事項に関する可動物件の国際的権益に関する条約の議定書）が2012年に採択されました。当該議定書は、資産担保金融に関する世界共通ルールを定めるケープタウン条約と一体をなす議定書であり、ケープタウン条約と同議定書は、本則・（宇宙資産に関する）各則の関係にあります。

　本則であるケープタウン条約は、担保付きの貸付取引などにおける債権者の権利を、各国の国内法から独立した独自の権利としての「国際的権益」（international interest）と定義します。そのうえで、国際的権益をめぐる①権利関係の透明性、②権利の迅速な実現および③倒産手続きからの権利の独立性、を柱とし、各則である宇宙資産議定書とともに、以下のような制度を定めています。

まず、①権利関係の透明性の確保のため、国際的権益をめぐる登録情報を一元的に管理する登録機関を設立し、先に登録された国際的権益がそれに後れる国際的権益または未登録の権利に優先する仕組みがとられます（本体条約16条、29条）。宇宙資産議定書では、宇宙資産の担保価値は当該資産それ自体というより宇宙空間での運用により生じることに鑑み、宇宙資産のみならず、債務者が管制施設保有者や打上げ事業者と締結した契約上の権利を「債務者の権利」（議定書1条2項(a)）とし、これを債権者に譲渡することができ、譲渡により債務者が設定した国際的権益を登録簿に登録する仕組みとなっています（議定書9条、12条）。

　次に、②権利の迅速な実現のため、一部の国における司法の腐敗・機能不全を勘案し、あらかじめの合意がある場合には、担保物の占有・支配権取得、売却またはリース、使用による収益の収受（本体条約8条）といった、国際的権益の保有者に裁判所を利用しない幅広い救済手段が付与されています。他方、宇宙資産議定書は、衛星事業などの宇宙関連事業が公共サービスを提供することが多い点に鑑み、国際的権益の実行によりかかる提供が中断される事態を回避すべく、あらかじめ「公共サービスに利用されているという告知」が登録された衛星につき、国際的権益の実行に際して所定の待機期間（3から6カ月）を置くという仕組みを規定しています（議定書27条）。

　加えて、③倒産手続きからの権利の独立性の確保のため、宇宙資産議定書の批准国が当該制度の適用を選択した場合には、当該国の国内法では担保権の実行が再建型手続き（たとえば、日本の会社更生手続きや民事再生手続き）に服する場合であっても、債務者の倒産手続き下において国際的権益の倒産手続き外での実行は停止されず、権利の内容の変更もないという制度が適用されます（議定書21条選択肢A）。

　本書執筆時点において、宇宙資産議定書の当事国となった国はまだないものの、今後の活用が期待されます。

〔渡邊弘〕

コラム

宇宙食・宇宙日本食

1 宇宙食とは

　宇宙食とは、「スペースシャトルミッションや国際宇宙ステーション（ISS）長期滞在などで宇宙滞在を行う宇宙飛行士に供される食品」を指します（JAXAの下記ウェブサイト参照）。

　これまで、宇宙開発を牽引してきたアメリカとロシアが、それぞれ独自の宇宙食を開発してきました。ISSに供給される宇宙食も当初はアメリカとロシアの宇宙食のみでしたが、2004年11月にISS宇宙食供給の基準文書「ISS FOOD PLAN」が整備されたことで、現在は日本を含むISS計画の国際パートナー各国が、ISSに宇宙食を供給できるようになっています。

2「宇宙日本食」とは

　現在、日本も、「宇宙日本食」としてISSに宇宙食を供給しています。その目的は、日本の宇宙飛行士に日本食の味を楽しんでもらい、精神的なストレスを緩和することにあります。また、日本食が健康に良いということは世界各国で認識されているため、他の国際パートナーの宇宙飛行士に利用されることも期待されています。

　「宇宙日本食」といっても、日本の家庭で利用されている料理が中心で、いわゆる「和食」に限定されていません。実際、すでに「宇宙日本食」として認証されている16社32品目（2018年3月13日現在）のなかには、ラーメン、カレー、イワシのトマト煮などが含まれています。また、調味料（しょうゆ、マヨネーズなど）、菓子（ガム、キャンディーなど）、粉末飲料なども認証されています。

3「宇宙日本食」としてISSに供給されるには

　まず、「宇宙日本食」としてJAXAの認証を受ける必要があり、この認証の基準は、ISS宇宙食供給の基準文書「ISS FOOD PLAN」の要求項目と日本の食品安全基準をふまえて定められています（認証プロセス）。

認証を受けた食品のすべてがISSに搭載されるわけではなく、搭載されるためには、ISS長期滞在が決定した宇宙飛行士による試食会を経て、宇宙飛行士に搭載用として選定される必要があります。選定された「宇宙日本食」は、打上げ機関の宇宙機によってISSに運ばれることとなります（搭載プロセス）。

　なお、「宇宙日本食」を搭載する宇宙機の打上げタイミングと日本人宇宙飛行士のISS長期滞在時期によっては、認証プロセスの途中でも、「Pre宇宙日本食」としてISSへの搭載が可能となる場合もあります。

4　成果の活用について

　「宇宙日本食」として認証された場合、その事実を宣伝に使用することができます。また、認証された製品をそのまま市販することも可能ですが、JAXAと契約しロゴマークを付けて販売することもできます。厳しい認証プロセスをクリアして初めて「宇宙日本食」として認証されることから、認証の事実を示すことで、味だけでなく栄養学的にも優れているとか、長期間の保存に耐えられるとか、無重力環境でも安全に食せる技術力の高さといった長所をアピールすることができるかもしれません。

　JAXAのウェブサイト（2018年7月19日時点）によると、新規の認証申請は常時受け付けているとのことです。　　　　〔溝口懸〕

参考文献等 >>>>>
- JAXA ウェブサイト（http://iss.jaxa.jp/spacefood/）
- 宇宙日本食認証基準（B版 2016年2月）本文、図・表（http://iss.jaxa.jp/spacefood/pdf/document_b1.pdf）
- 宇宙日本食認証基準 Q&A（http://iss.jaxa.jp/spacefood/pdf/qa_a.pdf）
- 宇宙日本食調達・輸送基準（ISS搭載用）（F版 2015年4月）（http://iss.jaxa.jp/spacefood/pdf/onb_f.pdf）
- 「宇宙日本食」ロゴマーク使用要領 / 使用ガイドライン（http://iss.jaxa.jp/spacefood/pdf/logo-guideline_a.pdf）

※上記いずれも最終閲覧日 2018年7月19日。

第6章-5
宇宙保険

　多額のコストをかけて行うロケット・衛星の開発、製造、打上げには、打上げ失敗、衛星軌道に乗った後の衛星の故障や衛星同士の衝突によりロケット・衛星の機体自体が損傷する、またロケットの破片で人が負傷・死亡する、他の衛星を損傷させるなど第三者に対する損害が発生するリスクがあります。これらのリスクが顕在化した場合の損害は甚大であり、その負担を担保する手段として宇宙保険があります。

　宇宙保険は、ロケットや衛星自体の経済的価値と関連費用を担保する衛星保険（物保険）と、打上げ失敗などにより第三者に発生した損害を担保する第三者賠償責任保険に大きく分けることができます。

　衛星保険（物保険）は打上げから運用までの各段階に応じてさらに3つに分類することできます。1つ目がロケットの製造、保管、射場までの運搬、搬入、打上げ準備時の滅失損傷リスクを担保する「打上げ前保険」（pre-launch insurance）で、打上げにより保険期間は終了します。2つ目が、打上げ時から衛星軌道上における初期運用期間の滅失損傷リスクを担保する「打上げ保険」（launch insurance）です。保険期間は打上げから一定期間で、多くの場合1年間とされています。最後が、軌道上に所在する衛星に発生するリスク（衛星破壊、機能低下、寿命の短縮など）を担保する「軌道上保険（寿命保険）」（in-orbit insurance）です。

　第三者賠償責任保険には、ロケット打上げに起因する賠償責任をカバーする「打上げ第三者賠償責任保険」、軌道上で衛星を運用する際の賠償責任をカバーする「軌道上第三者賠償責任保険」があります。ロケット打上げ時には特に危険が大きいため、ほとんどの国で第三者損害

賠償責任保険の手配が義務付けられています。

　日本における民間による宇宙開発を規制した宇宙活動法（第9章-7参照）でも、打上げ実施者は、人工衛星の打上げ用ロケットの落下などにより地上で発生した損害をカバーするため、損害賠償担保措置として、損害賠償責任保険契約および政府補償契約の締結が義務付けられています。

　一方、軌道上第三者賠償責任保険については、必ずしも保険の手配は義務付けられておりません。軌道上で衛星が他の衛星に衝突したりすることなどにより宇宙空間で発生した損害について、前述した宇宙活動法には規定自体がありません。人工衛星の落下などにより地上で発生した損害に関する規定はありますが、損害賠償担保措置を講ずることは義務付けられていません。

　宇宙保険の保険料率は低いときは9％、高いときは20％を超えています（2000年から2012年の推移）。ロケット・衛星の保険金額を200億円として保険料率を10％と仮定すると、保険料は20億円となり、保険料だけで莫大なコストが発生することになります。宇宙開発に関する事故は発生頻度が相対的に高く、保険によるリスクヘッジは不可欠です。民間の宇宙開発がこれからますます活発になることが予想されますが、宇宙保険の仕組みおよび実務を把握することは重要といえるでしょう。

〔有馬潤〕

参考文献等 >>>>>

- 小塚荘一郎・佐藤雅彦編著『宇宙ビジネスのための宇宙法入門』202-206頁（有斐閣、2018）
- 川本英之『宇宙保険の概要』（日本航空宇宙工業会会報「航空と宇宙」、2015年3月）（www.sjac.or.jp/common/pdf/kaihou/201503/20150302.pdf、最終閲覧日2018年5月29日）
- 中澤勝「海外主要国の宇宙輸送システムの動向―打上げ保険の視点―」（2013年3月28日）（www8.cao.go.jp/space/comittee/yusou-dai1/siryou6-3.pdf、最終閲覧日2018年5月29日）

第6章-6
宇宙とサイバーセキュリティ

　衛星をめぐる情報のセキュリティ（機密性、インテグリティ、可用性）とそのサービスの不可変更性・否認不可性、さらにそれらの安全性について考えてみます[1]。

　最初に、宇宙に関して、サイバーセキュリティが問題になった事案を紹介していきましょう。1980年代や1990年代の衛星をめぐるサイバーセキュリティの問題は主として、衛星からの無線傍受、暗号解読などの問題でした。2000年代に入ると、それらの事件（FLTSAT8事件（2009））に加えて、衛星に対する妨害・コントロール取得（Landsat7事件（2007）、Terra EOS事件（2008））が出てきます。2010年代に入ると、国際紛争に関する事件（ロシア・テレビ衛星軌道妨害事件（2014））、国家支援の衛星データに対するデータ流出事件（2014）が起きています。2010年代後半には、特に、測位システムの可用性に対する侵害が目立つようになります（IRNSS 1A事件（2016）、Galileo事件（2017）、黒海GPSなりすまし攻撃（2017））。

　これらの事件は、衛星に関する情報システムに対する脅威が被害として現実化しつつあること、単なる情報というよりも物理的安全への脅威が引き起こされかねないこと、現在では、国際犯罪組織、テロリストグループなどが脅威を引き起こしうるものとなってきていることなどを示しているといえます。

　衛星システムの情報処理の側面から生じうるリスクについては、その技術的側面と結果から検討することができます。衛星システムに対する技術的側面からは、ジャミング[2]、超物理的サイバー攻撃、なりすましなどの攻撃手法があります。これらの詳細については省略しますが、特

に現在では、衛星を乗っ取り「兵器化する」ことも可能であり、また、測位システムへの干渉がなされると経済的な混乱を引き起こすのではないか、ということが懸念されるにいたっています。

　宇宙活動法（第9章-7参照）は、安全なロケットを、安全な施設から、安全な方法で打ち上げることを旨として、「ロケット安全基準」「型式別施設安全基準」を遵守することを定めていますが、これらの安全基準について、サイバーセキュリティ的な観点からの検証が必要になるでしょう。純粋に、打上げに関する施設のサイバーセキュリティのみならず、それとも接続する機器から入力されるデータのセキュリティも問題になるでしょうし、部品のサプライチェーンに対するサイバーセキュリティに関する配慮も必要になってきます。

　また国際法の側面からは、衛星システムが国家によって武力紛争に利用される場合において、通常の武力紛争法がどのように応用されるべきなのか、という点が議論されはじめています[3]。また、宇宙条約6条は責任の一元集中方式を定めていますが、テロリストが上記のようなサイバーセキュリティ上の問題を引き起こした場合にどのような問題が起きるのか、国家責任の観点からも、損害賠償責任の観点からも、議論はなされていないといっていいでしょう。

〔高橋郁夫〕

注 >>>>>
1)　宇宙におけるサイバーセキュリティに対する注目の高まりを代表するものとして、英国王立研究所（チャタムハウス）「Space, the Final Frontier for Cybersecurity?（宇宙 - サイバーセキュリティの最後のフロンティア?）」（https：//www.chathamhouse.org/publication/space-final-frontier-cybersecurity）があります。この報告書の簡単な紹介として、高橋郁夫ブログ「宇宙 - サイバーセキュリティの最後のフロンティア？（上）（中）（下）」（http://www.itresearchart.biz/?p＝1071 ほか）があります。
2)　ジャミングとは、通信手段である信号を妨害することによって接続を困難にすることをいい、その困難にする対照によって地上ジャミングと軌道的ジャミングがあります。
3)　近時、MILAMOS プロジェクト、Woomera Manual 作成の動きなどが活発です。

第6章-7 他産業との関連

近時の宇宙関連ビジネスにおいては、他産業で培われた技術と従前の宇宙産業で培われた技術の相互活用・融合が進んでいます。

1 宇宙関連技術の他産業での活用

(1) 衛星観測データの解析・他産業での活用

衛星コンステレーション（序章-2参照）により膨大な衛星観測データ（衛星ビッグデータ）の入手が可能となりつつあります。これにともない、従前、単に情報として顧客に伝達されていた衛星観測データについて、ディープラーニング・人工知能（AI）による分析を行ったうえで当該分析結果を顧客に提供するサービスが注目されています。たとえば、シリコンバレーの衛星画像データ解析企業であるOrbital Insight社は、世界中の24,000以上の石油備蓄タンクをモニタリングし、石油備蓄残量をディープラーニングを用いて解析するサービス[1]を先物取引を行う金融機関などに販売したり、世界銀行と共同で、各国の家、車の数、ビルの高さ、農業面積などを測定することで各国の経済発展指標としてのデータ収集を行うプロジェクト[2]を推進したりしています。

また、損害保険ジャパン日本興亜と一般財団法人リモート・センシング技術センターは、日米欧などの人工衛星データから1時間ごとに作成される宇宙航空研究開発機構（JAXA）が提供する全球降水マップなどのデータを活用して、ミャンマーにおける雨量を推定し、推定雨量が事前に定めた値を下回った場合に保険金を支払うという、干ばつリスクに備える「天候インデックス保険」を開発しています[3]。

(2) 測位衛星システムの他産業での活用

測位衛星システム（第2章-8参照）については、自動運転車などへの活用が予想されますが、産業従事者の減少・雇用難などが問題となっている農業分野での活躍も期待されています。これまでに、日本政府が2018年11月の運用開始を目指す準天頂衛星「みちびき」のセンチメートル級測位補強サービスの信号を利用して、農業用トラクターや自脱コンバイン（イネ収穫機）を自動走行させる実証実験が実施されており、実用化が期待されます。

2 他産業の技術の宇宙産業での活用

(1) ロボティクス技術の活用

月その他の衛星・惑星探査において、ロボティクス産業で培われた技術の活用が進んでいます。たとえば、月での資源探査・活用の事業化を進める宇宙ベンチャーであるiSpace社では、ロボティクス技術の活用により、世界最小・最軽量の超小型惑星探査ローバー、および30kg以上のペイロードを実現する超小型ランダーを開発しています。

(2) 3Dプリンターの活用

部品開発の時間や費用を削減するために、3Dプリンターが活用されています。Boeing社では、衛星部品の製造のために3Dプリンターを用いているほか、Made in Space社も、国際宇宙ステーションに3Dプリンターを設置する（第4章-1参照）などしています。

〔渡邊弘〕

注 >>>>>
1) https://orbitalinsight.com/expanding-energy-product-monitoring-oil-storage-across-globe/
2) https://medium.com/from-the-macroscope/mapping-poverty-from-space-with-the-world-bank-5363c1a2b5d2
3) https://www.sjnk.co.jp/~/media/SJNK/files/news/2014/20141226_1.pdf

コラム

宇宙の謎に挑む国立天文台

　国立天文台が発信する「ほしぞら情報」をご覧になったことはありますか。国立天文台のウェブサイトでは、毎月の東京の星空や惑星に関する注目の天文現象が紹介されています。また、ギャラリーには「今週の一枚」など国立天文台が撮影した天体写真や映像が掲載されており、眺めるだけでも、宇宙の神秘に迫ったかのような気持ちになります。

　国立天文台は世界最先端の観測施設を擁する日本の天文学のナショナルセンターです。大学共同利用機関として全国の研究者の共同利用を進めるとともに、共同研究を含む観測・研究・開発を広く推進し、国際協力も進められています。国内外に複数の観測施設等があり、なかでもハワイ島マウナケアの観測所にある世界最大級の「すばる望遠鏡」は有名ですね。

　近時では、国際協力で建設され運用が行われている「アルマ望遠鏡計画」に国立天文台が果たした役割は極めて大きいと評価されています。

　東京都三鷹市にある三鷹キャンパスには、観測装置や歴史的観測機器などが置かれ、これらの一部は一般公開されていて、我が国の天文学研究に触れることができます。登録有形文化財の第一赤道儀室や天文台歴史館は必見ですし、4D2Uドームシアター（要事前申込み）や太陽系ウォークも興味深い体験です。

　ちなみに、三鷹キャンパスの緑豊かな敷地内には大きな桜の木があり、隠れた桜の名所です。桜の季節に見学に訪れてはいかがでしょうか。

〔高取由弥子〕

参考文献等 >>>>>
- 大学共同利用機関法人 自然科学研究機構 国立天文台ウェブサイト（https：//www.nao.ac.jp/）
- 三鷹キャンパス見学案内（https://www.nao.ac.jp/access/mitaka/visit/）

※上記いずれも最終閲覧日 2018年7月13日

第7章
国際的ビジネスとしての法的視点

【写真】国立天文台三鷹キャンパス内
　　　左：65センチメートル屈折望遠鏡
　　　中央：第一赤道儀室
　　　右：太陽系ウォーク
　　　〔写真提供＝国立天文台〕

第7章-1
宇宙活動自由の原則と国際公益

1 国際公益とは何か

　宇宙は、すべての国にその探査・利用が認められる空間であり、特定の国による領有が禁止されています。一方で、探査・利用の自由が認められるからといって、誰もが好き勝手に宇宙での活動を行っていたのでは、さまざまな弊害が生じてしまいます。たとえば、高い技術力を誇る先進国が宇宙に一番乗りし、宇宙にある資源をすべて採取してしまうと、宇宙開発途上国が宇宙資源の利益を享受できなくなってしまいます。また、宇宙活動にともなって発生したスペースデブリ（宇宙ゴミ）を好き勝手に放置すると、今後の宇宙活動が困難になってしまいます。

　国際公益とは、「みんなが自由に宇宙活動を続けられるように、みんなで守るべき利益」ともいえるでしょう。すべての国が、宇宙を自由に探査・利用し続けられるように、宇宙活動の自由と国際公益の維持・増進のバランスを図ることが重要なのです。

2 宇宙条約における「自由」と「公益」

　1967年に発効した宇宙条約は、宇宙の探査・利用全体の基本原則を定めていることから、「宇宙の憲法」とも呼ばれています。同条約1条は、①月その他の天体を含む宇宙空間の探査および利用は、すべての国の利益のために行われなければならないこと、②すべての国が天体のすべての地域に自由に立ち入ることができ、自由に探査および利用を行うことができること、などを定めています。

　宇宙条約が発効した1967年当時、宇宙の探査・利用活動を行う能力を有していたのは、米国・ソ連といったごくわずかな国々のみでした。

そこで、いまだ宇宙での活動に踏み出せていなかった国々は、今後能力を得た時点で、先を行く国々と平等に、宇宙の探査・利用活動に参加できる権利を確保することを望んでいました。このような背景から、宇宙の探査および利用はすべての国が自由に行うことができることを規定するとともに、それらの活動はすべての国の利益のために行われなければならないとする宇宙条約1条の規定が生まれました。

3 スペース・ベネフィット宣言
　　──協力と競争（市場原理）の調和

　1996年の国連総会決議「スペース・ベネフィット宣言」は、宇宙条約1条に示された国際公益実現のための国際協力と、競争（市場原理）との調和をいかに図るか、という点を明確化しました。同宣言は、宇宙の商業利用を他の民生利用と同等の地位に置くとともに（宣言4項）、国際協力は無償のボランティアとして行うべし、とするのではなく、公正かつ合理的な契約条件のもとで、知的財産権なども尊重しながら国際協力を進めるべきことを述べました（宣言2項）。

　こうして、先進国と途上国の双方が合意できる妥協点が見出されました。先進国にとっては、商業利用を含む宇宙の探査・利用の自由がより確かに保障されるとともに、途上国にとっては、市場原理に基づいて先進国から援助を受け、宇宙の探査・利用活動に自らも参画する道が開かれました。

4 国際ビジネスの視点から

　宇宙の探査・利用が自由であるからといって、それぞれが勝手な活動をしていたのでは、宇宙活動の継続が困難となり、宇宙活動に参画するチャンスすら得られない国も出てきてしまいます。宇宙活動を規律するさまざまなルールは、自由な活動を保障する一方で、国際公益を維持・増進することにも常に配慮しています。個々のルールの内容を知ること

にとどまらず、ルールが策定された背景や根本にある目的を理解することは、宇宙ビジネスにまつわるルール策定の今後の展開を予想するために有益であるといえるでしょう。

〔木村響〕

参考文献等 >>>>>
- 小塚荘一郎・佐藤雅彦編著『宇宙ビジネスのための宇宙法入門（第2版）』35-36頁（有斐閣、2018年）
- 青木節子「第5章 宇宙法におけるソフトローの機能―市場と公益の調整原理―」中山信弘＝小寺彰＝道垣内正人編集『ソフトロー研究叢書第5巻 国際社会とソフトロー』107-108頁（有斐閣、2008年）
- 国立国会図書館 調査及び立法考査局「科学技術に関する調査プロジェクト2016報告書―宇宙政策の動向―」149-154頁（2017年3月）(http://dl.ndl.go.jp/view/download/digidepo_10314933_po_20170360.pdf?contentNo＝1、最終閲覧日2018年5月7日)
- Francis Lyall & Paul B. Larsen, Space Law：A Treatise (2nd Edition), 49-52頁 (2018, Routledge)

コラム

宇宙関連技術の活用と規制改革

　宇宙関連ビジネスは、"New"（これまでにはなかった、まったく新しい事業）と"Alternative"（従来から存在する事業を、宇宙関連技術を活用した別な方法により行うもの）の2種類に分けることができます。そして、これら宇宙関連ビジネスと規制との関係性は、以下のように整理できます。

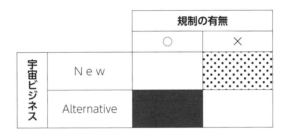

　近年、宇宙旅行のような"New"な事業が、その目新しさから大きな注目を集めており、新たなルールを整備することの重要性が広く認知されるようになりました（表のドット部分）。一方で、既存の事業に宇宙関連技術を活用する"Alternative"な事業の成長も見逃せません。たとえば、衛星（合成開口レーダー）を活用した橋やトンネル等のインフラ点検事業などが挙げられます。しかし、宇宙関連技術の活用を想定していない規制により、"Alternative"な事業の実現が阻まれることもあります（表のアミかけ部分）。宇宙関連技術を「宝の持ち腐れ」にしないために、新技術活用を妨げる規制を特定し、改正に向けて早期に動き出すことが重要でしょう。

〔木村響〕

参考文献等 >>>>>
- 宙畑「宇宙ビジネスとは〜業界マップ、ビジネスモデル、注目企業、市場規模〜」（https://sorabatake.jp/gn_20171022、最終閲覧日2018年9月23日）
- 科学技術振興機構「インフラ維持管理・更新・マネジメント技術」（http://www.jst.go.jp/sip/k07.html、最終閲覧日2018年9月23日）

第7章-2 宇宙活動と知的財産権

1 特許でみる宇宙関連企業

　宇宙ビジネスが活況を呈しつつある昨今ですが、どのようなプレイヤーが登場しているかを知るためのひとつの指標として、宇宙関連特許の出願動向があります。

　特許庁「平成27年度特許技術動向調査報告書（概要）航空機・宇宙機器関連技術」（平成28年3月）[1]35頁によれば、たとえば、衛星機器分野で、2004年～2013年に、日・米・欧・中・韓・露・印等15カ国に出願された特許の件数のランキングでは、上位3位を欧州勢が占めています。

　他方、特許庁「平成27年度特許技術動向調査報告書（概要）衛星測位システム」（平成28年2月）[2]65頁によれば、衛星測位システム分野で、1994年～2013年に、前記7ヵ国に出願された特許の件数のランキングでは、9つの技術区分のうち7つで、クアルコム（米国）が首位に立っています。また、日本勢も上位を占めています。

2 宇宙空間と知的財産権[3]

　さて、知的財産権は、「属地主義の原則」に従い、その効力は、当該知的財産権を認める国の領域内においてのみ認められます[4]。他方、宇宙条約2条[5]は「宇宙空間領有禁止原則」を定めており、宇宙空間の国家による領有は禁じられています。それでは、国の領域がない宇宙空間では、知的財産権の効力は認められないのでしょうか。たとえば、国際宇宙ステーション（ISS）の実験棟では、どうなるのでしょうか。

　この点につき、国際宇宙ステーション協定（IGA）21条2項は、知

的所有権に係る法律の適用上、宇宙基地の飛行要素[6]上において行われる活動は、当該要素の登録を行った参加国の領域においてのみ行われたものとみなすと定めており、飛行要素の「登録」を基準として、知的財産権の適用範囲を ISS の飛行要素まで広げています。

　もっとも、実際に各国の知的財産法を適用させるためには、各国において立法措置が講じられる必要があります。

　アメリカ合衆国では、特許法で、合衆国の管轄<u>又は</u>[7]管理の下に、宇宙空間において、宇宙物体またはその構成要素に関して行われ、使用されまたは販売されたすべての発明は、同法の適用上、合衆国内において行われ、使用されまたは販売されたものとみなされると定めています（同法 105 条（a）。下線は引用者による）。また、ドイツも同様の立法措置を行っています。

　なお、日本は、特段の立法措置を行っていませんが、これはすでに設けられている特許法の条文[8]によって、条約の規定が適用されるためであると説明されているようです。

〔松村啓〕

注 >>>>>
1) 特許庁「特許出願技術動向調査等報告」(https://www.jpo.go.jp/shiryou/gidou-houkoku.htm、最終閲覧日 2018 年 5 月 31 日）の、「機械」の項、「平成 27 年度」の欄で閲覧可。
2) 1) のリンク先の、「一般」の項、「平成 27 年度」の欄で閲覧可。
3) 詳細は、小塚荘一郎「宇宙空間における特許権」（相澤ほか編著『知的財産法の理論と現代的課題―中山信弘先生還暦記念論文集―』621 頁（弘文堂、2005 年））。小塚＝佐藤編著『宇宙ビジネスのための宇宙法入門（第 2 版）』206-208 頁〔小塚荘一郎執筆〕（有斐閣、2018 年）。
4) 最判平成 9 年 7 月 1 日民集 51 巻 6 号 2299 頁も参照。
5) 「月その他の天体を含む宇宙空間は、主権の主張、使用若しくは占拠又はその他のいかなる手段によつても国家による取得の対象とはならない。」日本語訳は、慶應義塾大学宇宙法センターのデータベースを参照（http://space-law.keio.ac.jp/pdfdb/、最終閲覧日 2018 年 5 月 31 日）。
6) 日本の実験棟（JEM）である「きぼう」は、その一例です。
7) 宇宙条約 8 条は「宇宙空間に発射された物体が登録されている条約の当事国は、その物体及びその乗員に対し、それらが宇宙空間又は天体上にある間、管轄権及び管理の権限を保持する。」（下線は引用者による）と定めているため、アメリカ法は適用範囲を過剰に拡大しているとの批判があります。他方、かかる立法を肯定的にとらえる見解もあります。小塚＝佐藤・前掲注 3) 207 頁。
8) 「特許に関し条約に別段の定があるときは、その規定による。」（同法 26 条）。同条の解釈上、問題があるとの指摘もあります。小塚・前掲注 3) 627 頁。小塚＝佐藤・前掲注 3) 208 頁。

第7章-3
安全保障貿易管理

　宇宙活動にかかわる製品や技術の国際的な取引や移転は、国家や宇宙機関、企業が宇宙活動を含む事業を営むうえで非常に重要です。ロケットや衛星などの開発や製造については、国際的なサプライチェーンや多国籍にわたる人材を活用することなくしては、その維持、発展は困難ともいえます。ただし、ロケットや衛星にまつわる技術については、ミサイルをはじめとする武器などへの適用や応用が可能であることから、安全保障の観点から管理の必要性が大きいことも事実です。

　国際的な安全保障貿易管理の体制として、武器などの取引を管理するワッセナーアレンジメントや、ミサイルやロケット、無人飛行機技術などの拡散を防止するためのミサイル技術管理レジーム（MTCR）といった国際的な取り決めがなされています。日本や米国はこれらの協定に参加しており、それぞれこれらを実施するための国内法を整備しています。これらの規制は、製品の外国への輸出のみならず、技術の提供もカバーしています。また、典型的な武器だけではなく、軍事用に転用可能な民生品や技術（デュアルユース品目）についても規制されています。宇宙活動に関する製品を輸出したり、技術を海外に移転したり、外国人にそうした技術を開示したりする際には、こうした国内法を遵守することが求められます。

　日本では、外国為替及び外国貿易法（外為法）により、一定の機微製品の輸出と機微技術の提供について、経済産業大臣の許可を要します。製品（貨物）の輸出については輸出貿易管理令とその下の省令・通達により、技術の提供については外国為替令その下の省令・通達により、詳細な規制がなされています。それぞれ経済産業大臣の許可が必要とされる貨物と技術についてリストで特定されています（リスト規制）。また、

リスト規制の対象となっていなくとも、用途や顧客の属性などの理由から大量破壊兵器の開発に用いられるおそれがある場合にも、経済産業大臣の許可が必要となることがあります（キャッチオール規制）。技術の提供については、日本の居住者から非居住者に提供することを目的とする取引であれば、日本国内で実施されるものも規制の対象となる点に注意が必要です。また、技術を提供する取引に関して、設計図などを輸出することや電子データを外国へ送信する行為（いわゆる持ち出し行為）についても規制されています。

米国では、武器の輸出について、国務省が所管する武器輸出管理法と国際武器取引規則（ITAR）により厳格に規制されています。また、そうでなくとも、デュアルユース品目を中心に商務省が所管する輸出管理法と輸出管理規則（EAR）により規制されています。米国の輸出規制は、米国からの輸出だけではなく、その後の米国以外の国から第三国へ再輸出（さらにその後の輸出）にも、適用されることに注意が必要です。そのため、日本から外国へ輸出する場合には、対象となる貨物や技術のなかに米国原産のものが含まれていないかを確認することが求められます。さらに、米国製の機器を用いて取得したデータについてもITARの規制が及ぶ場合があるので、たとえば、米国製の部品・機器を含む衛星の運用により取得したデータの国外移転にも注意する必要があります。

米国では、近時、ITARによる厳格な輸出管理が、米国製のロケットや衛星とそれらの部品について海外へ輸出することや、米国籍でない外国人を技術開発や製造に従事させることを困難にしています。そして、米国の宇宙産業の国際競争力を損ねているのではないかとの問題意識から、多くの品目についてITARからより緩やかなEARに移管するという規制緩和が進展しています。このように安全保障貿易管理のあり方は、自国の宇宙産業の国際競争力にも影響を及ぼすものであり、安全保障の観点からの適切な管理と産業促進のバランスが問われる難しい問題でもあります。

〔藤井康次郎〕

第7章-4
宇宙環境保護

　従来、宇宙環境保護の観点から注意が払われてきたのは、地球から宇宙空間に持ち出された生命体や汚染物質、あるいは宇宙から地球に持ち込まれる地球外物質などでした。1967年署名開放・発効の宇宙条約には、「条約の当事国は、月その他の天体を含む宇宙空間の有害な汚染及び地球外物質の導入から生ずる地球の環境の悪化を避けるように月その他の天体を含む宇宙空間の研究及び探査を実施し」と規定されており（9条2文）、この規定からも当時の認識がうかがわれます。また、月の環境保護に関しては月協定にも規定が設けられています。月協定の締約国は、「月の環境の既存の均衡の破壊を防止する措置をとるもの」とされ（7条1項）、月に放射性物質を配置する計画のある国は、国連事務総長に対し、「実行可能な最大限度まで、事前に、月におけるすべての放射性物質の設置及び設置の目的について通報するもの」とされています（7条2項）。

　他方で、近年、宇宙環境にとって深刻になっているのは、スペースデブリ（宇宙ゴミ）の問題です。国際機関間スペースデブリ調整委員会が2002年に作成したガイドラインによりますと、「スペースデブリは、地球周回軌道に存在するか大気圏再突入途中の、全ての非機能的人工物体であり、それらの破片と構成要素を含むものである。」とされています。スペースデブリには、機能を停止した人工衛星やその打上げに使用されたロケット、宇宙飛行士が手放してしまった工具や手袋、人工衛星同士の衝突によってまき散らされた破片等が含まれます。そして、2007年に中国が実施したASAT（衛星攻撃）実験によって、低軌道でのスペースデブリの数が25％程度増加したといわれています。今後、スペース

デブリの空間密度が一定の値を超えた場合に、スペースデブリ同士の衝突がさらに次の衝突を引き起こし、スペースデブリが自己増殖する状態に陥っていくことも懸念されています（ケスラーシンドローム）。

　スペースデブリは、その多くが高度 2,000km 以下の低軌道に分布しており、それらの平均速度は秒速約 7 ～ 8km です。これは、秒速数百メートル程度である拳銃の弾丸の 10 倍以上の速度ですから、その破壊力がとても大きなものであることがわかります。そして低軌道では、人工衛星だけでなく、国際宇宙ステーション（ISS）も運用されていますから、スペースデブリがこれらに衝突した場合の被害は甚大なものとなってしまいます。

　ところが、スペースデブリの低減に資する法制度は、十分に整備されているとはいい難いのが現状です。宇宙条約9条は、条約の当事国が宇宙空間の探査および利用をする場合に、他国の利益に妥当な考慮を払うことなどを規定し、また、宇宙損害責任条約は、スペースデブリが宇宙空間で機能する人工衛星に衝突した場合等の損害責任等を規定していますが、スペースデブリの発生を直接抑止する内容とはいえません。他方、2007 年に国連宇宙空間平和利用委員会（COPUOS）で採択されたスペースデブリ低減ガイドラインは、正常な運用中にスペースデブリを放出しない設計にすることや、使命を終えた人工衛星などが低軌道域に長期的にとどまることを制限しているなど、スペースデブリの発生を直接抑止するものといえます。しかし、このガイドラインには法的拘束力がなく、加盟国の自主的な取組みに委ねられていますから、その実効性は必ずしも十分ではないように思われます。

〔吉村実〕

参考文献等 >>>>>
- 小塚荘一郎・佐藤雅彦編著『宇宙ビジネスのための宇宙法入門（第 2 版）』57-65 頁（有斐閣、2018）
- 宇宙航空研究開発機構（JAXA）研究開発部門 HP（http://www.kenkai.jaxa.jp/research_fy27/mitou/mit-faq.html、最終閲覧日 2018 年 5 月 29 日）

>>>>>> 第7章-5 >>>>>>
宇宙の平和利用

　2007年、中国はミサイルによる人工衛星破壊実験を行いました。宇宙空間または天体における軍事利用は許容されるのでしょうか。いわゆる宇宙条約[1]4条では、宇宙空間（広義）[2]を①宇宙空間（狭義）と②月その他天体に区別して、次なる規制を設けています。

　①宇宙空間に対する規制
- 核兵器などの大量破壊兵器を地球を回る軌道に乗せないこと
- 核兵器などの大量破壊兵器を宇宙空間に配置しないこと

　②月その他天体に対する規制
- 核兵器などの大量破壊兵器を設置しないこと
- もっぱら平和的目的のために利用されること
- 軍事基地、軍事施設および防衛施設の設置、あらゆる型の兵器の実験ならびに軍事演習の実施を禁止すること
- 平和的目的のために軍の要員の使用および、平和的探査のために必要なすべての装備または施設の使用は禁止しない

　「平和的目的」の定義は、一切の軍事利用が禁止されるとの解釈（「非軍事」）と、侵略目的ではない自衛権の範囲内の利用を許容するとの解釈（「非侵略」）が対立してきましたが、現在では後者の解釈が定着しています。なお、宇宙条約4条では、宇宙空間について「平和的目的」利用の義務が明記されていませんが、宇宙空間においても国家は地上における軍事活動の規制（国連憲章2条4項、同51条）の適用を受けますので、宇宙空間においても自衛権の範囲内の行為のみが許容されると解されています。したがって、冒頭の人工衛星破壊実験、さらに、相手国の人工衛星に通常兵器を用いて武力攻撃を行うことも、自衛目的であれば許容

されることになります。

　日本では、これまで「平和的目的」を「非軍事」と解釈してきました。そのため、防衛省（自衛隊）が宇宙開発または利用の主体となることができず、また巨額の国家予算を投入して開発した衛星などを、安全保障目的で利用することも制約されるという弊害が生じていました。しかし、2008年の宇宙基本法の制定により約40年間の宇宙政策が変更され、侵略目的でなければ宇宙の軍事利用が可能となりました[3]。これにより、国の安全保障を目的とした宇宙産業の内需が拡大し、国と民間企業による宇宙開発が活発化しています。

　最後に、東日本大震災では、広域の被災状況を速やかに把握するために観測衛星が利用され、また地上の通信施設が麻痺した状況での行政間の連絡や地域住民の安否確認に通信衛星が利用されました。宇宙技術は軍民両用であり、災害分野、温暖化対策、食糧問題およびエネルギー資源に対する有益なアプローチとなり得ます。地球規模の課題に対して、日本が先進的な宇宙技術を用いて積極的に貢献していくことが期待されており、かつ日本の国際的なプレゼンスを高めるためにもこのような国際貢献が重要であることはいうまでもありません。

〔稲垣航〕

注 >>>>>
1) 「宇宙条約」は宇宙の憲法とも呼ばれ、1967年の発効から約50年が経過した現在でも宇宙の軍備管理を規定するもっとも重要な国際法文書と考えられています。
2) 「宇宙空間」（広義）は、宇宙全体を意味し、地球を除くすべての天体とそれ以外の真空部分を含みます（宇宙条約1条参照）。
3) 憲法9条に基づく制約を受けるため、専守防衛の範囲内における行為のみが許容されます。なお、宇宙基本法2条では、「日本国憲法の平和主義の理念にのっとり」と明記されます。

参考文献等 >>>>>
- 星山隆『日本外交からみた宇宙』68頁以下、139頁以下、231頁以下（作品社、2016年）
- 小塚荘一郎・佐藤雅彦編著『宇宙ビジネスのための宇宙法入門（第2版）』35頁以下（有斐閣、2018年）
- 青木節子『宇宙の軍事利用を規律する国際法の現状と課題』（2005年4月）

第7章-6
紛争解決

　宇宙活動に関する法的枠組みは、宇宙条約が成立した当初は、国を宇宙活動の担い手としていました。一方、冷戦が次第に終結に向かうなかで、1980年代には、政府機関からの受注を中心に民間事業者が宇宙を使った実用的活動に携わるようになり（宇宙商業化）、2010年前後からは民間事業者が独自のビジネスプランの下で資金調達を行うNew Spaceと総称される潮流が生じました。そこで宇宙活動に関する紛争も、伝統的な国家間紛争から、私的主体と国家、私的主体同士等の紛争等、多様な類型へ移り変わっています。

　従来の宇宙活動に関する国家間の紛争の多くは、非公表の二国間交渉で解決されてきました（コスモス954事件（1978））。宇宙活動は実質的な活動国が限定されており、軍事と密接にかかわるために機密保持の要請も高いからです。国際電気通信連合（ITU）により管理される衛星通信のための周波数帯や軌道位置等の技術的事項の絡む紛争については、ITUの準司法的手続きにより解決される例もあります。また、国際司法裁判所（ICJ）や常設仲裁裁判所（PCA）等の従来型の紛争解決機関の活用も考えられます。

　民間事業者間の契約では、宇宙ビジネスの契約当事者が多国籍にわたる場合も多いため、紛争解決の手段として国際仲裁が適していると考えられます。国際仲裁の場合は、手続き、決定ともに原則非公開で企業の秘密保持を図ることができ、仲裁人を当事者の合意により選任できる等の利点もあります。執行の観点からは、1958年外国仲裁判断の承認および執行に関する条約（ニューヨーク条約）の締約国159カ国においては、各国領域の手続き規則に則る形での執行が可能ですが（同条約3

条)、相手方が国営企業等の場合、執行免除が主張される可能性もあります。また、近年宇宙活動に積極的な中国やインドといった新興国の国営企業や民間事業者が相手方になる場合は、仲裁判断の執行について国内法上の規制が存在したり、仲裁判断の執行規準が明確でなく、ニューヨーク条約5条2項bの公序の範囲が広く解釈されたり、仲裁合意の存在自体が厳格に解釈され執行が拒否される可能性もあることに留意すべきでしょう。アメリカ国内裁判所で宇宙活動関連の判例の蓄積が存在するように、宇宙活動関連紛争を国内裁判所で解決する場合も今後増加するでしょう。国家と民間企業との間の紛争では、国家・民間企業間における投資条約に基づく仲裁手段（投資解決紛争センター（ICSID）や近年投資仲裁の事件の係属が増加しているPCA）を利用する方法も考えられます。このうちPCAは、2011年に「常設仲裁裁判所の宇宙空間での活動に関する紛争の選択仲裁規則」を策定し、宇宙法を専門とする仲裁人の特別リストと専門家のリストを公表しており、宇宙分野の紛争解決に積極的です。

　宇宙活動によって生じた事故の被害者が国家に賠償を求めるような類型も考えられます。賠償に係る実体的側面については、宇宙活動法（第9章-7参照）では、一定の地上等における損害に政府が補償契約を締結できる制度を導入しています（宇宙活動法40条）。また、軌道上の衝突事故等のリスクが考えられる軌道上ビジネスへの民間参入の促進のため、同様の補償制度の導入を求める声もあります。一方、手続き的側面については、他国からの宇宙損害責任条約に基づく損害賠償請求があった場合の審査体制は不明確で、私的主体から国に対して請求があった場合においても、審査会等の設置規定等、宇宙事故の損害賠償判断に専門的知見が必要であることを想定した規定は現行存在していません。そこで、これらの手続き面につき、検討を深めることも必要と考えられます。〔田代夕貴〕

参考文献等 >>>>>
- 青木節子「紛争の回避・解決の枠組み」（軍縮・不拡散促進センター『新たな宇宙環境と軍備管理を含めた宇宙利用の規制 研究会報告書』第6章、2010年）他同著者文献

>>>>>> 第7章-7 >>>>>>
宇宙活動と政治

　宇宙技術は、軍民両用（デュアルユース）技術であり、国策にかかわる重要な技術であることが多く、宇宙活動や宇宙に関する法制度は政治と密接に結びついています。第7章-3に記載されるように、ミサイルとの技術的共通点の多いロケット技術の輸出や、情報収集衛星としての利用が見込まれる衛星の輸出を中心に、宇宙技術は厳格な輸出規制の対象とされています。国際的な技術協力にも制約が課されます。また、各国ともに自国の権益がかかわる分野であり、宇宙開発先進国と宇宙開発新興国の間での対立も激しいため、多数国間条約に関する合意形成も困難です。宇宙条約の策定の中心的位置を占める国連宇宙空間平和利用委員会（COPUOS）では、コンセンサス方式をとっていることもあり、1979年の月協定を最後に条約は採択されておらず、ソフトローを定立することによって、宇宙活動国の活動を具体的にコントロールしようとする試みがなされています（第8章-5参照）。

　上記のように多国間条約でのルール形成が進まないなか、技術標準の策定、地域機構によるルール形成、国内法の整備などにより、各国が国際的なルール形成の主導権を握ろうとする傾向が特筆されます。

　技術標準の策定については、宇宙関連技術のコモディティ化が進むなかで、自国の技術標準を国際標準とすることができれば、自国企業の優位性を獲得できます。国際標準化機構（ISO）では、スペースデブリ低減要求を定めるISO24113や、低軌道衛星の廃棄処置を定めるISO16164等、多くの技術標準が定められています。ISOは一国一票で技術標準が策定されるので、欧州宇宙機関（ESA）の強い連携を持ち、28の加盟国を有する欧州連合（EU）に優位性があるという指摘もありま

す。他の標準策定の国際フォーラムとしては、上記した COPUOS、国際機関間スペースデブリ調整機関（IADC）が存在します。

　地域機構によるルール形成としては、EU により、事故、衝突その他の有害な干渉の可能性の最小化、スペースデブリ発生低減のため宇宙物体の破壊等を控えること等を規定した、宇宙活動に関する行動規範案が策定されています。この規範案に多くの国が参加することを目指し、現在多国間交渉の会合が行われています。アジアでは、2005 年のアジア太平洋宇宙協力機構（APSCO）調印後、COPUOS 等で APSCO 加盟国が中国に同調し国際世論の基調を作るような姿勢を見せたことに対し、日本主導のアジア太平洋地域宇宙機関会議（APRSAF）において、災害監視等の国際協力、技術移転を伴う研究開発プログラムが開始され、APRSAF の再活性化が進んだことが指摘されています[1]。

　民間事業者に有利な国内法の制定が行われ、当該立法が結果的に宇宙活動国の標準となるという傾向もみられます。たとえば、打上げ行為に対する政府補償の文脈では、打上げ事業者等の調達した保険等の損害賠償措置でカバーできない損害について国が一定程度補償することを規定する米国の「商業宇宙打上げ法」にならって、各国が立法を行っています。宇宙資源開発の文脈では、米国およびルクセンブルクは、他国に先行して、それぞれの国が負う国際的な義務の範囲内で宇宙資源の所有を認める旨を規定した国内法を整備しています。過去、公海における海洋資源についても、国連海洋法条約交渉中の 1980 年に、米国をはじめとする先進諸国が国内法でその開発を認める法整備を行ったことが、その後の米国企業等の開発活動を一定程度加速させたといわれています。このことを念頭に置きつつ、我が国でも、宇宙資源開発に関する国内法整備が検討され、内閣府および経済産業省共催による「宇宙ビジネスを支える環境整備に関する論点整理タスクフォース」にて、主要な論点の取りまとめが行われました。〔田代夕貴〕

注 >>>>>
1)　鈴木一人『宇宙開発と国際政治』218-226 頁（岩波書店、2011 年）。

コラム

アニメの中の宇宙ビジネス

　筆者が宇宙と初めて出会ったのは、幼い頃テレビで目にした「機動戦士ガンダム」でした。当時はモビルスーツ同士が宇宙空間で戦う姿をみて、漠然とした宇宙への憧れを抱いただけでしたが、大人になってからあらためて見直してみると、非常に考えさせられるテーマを取り扱った作品であることがわかりました。

　「機動戦士ガンダム」では、地球連邦軍とジオン軍の間の対立が描かれていますが、そもそもこのような対立が起こったのは、地球上で人口が増えすぎたために宇宙空間に「スペースコロニー」とよばれる建造物を建築し、人類の一部がそこに移住したことに端を発します。このスペースコロニーとは、現実世界でいう宇宙ステーションをより巨大なものにし、そこで普通の人々が生活できるようにしたものですが、ガンダムで描かれる戦争の背景には、スペースコロニーに生活する人々（スペースノイド）と地球上で生活する人々（アースノイド）との対立が存在しているのです。

　今後技術の進展にともない、宇宙空間で生活する人々が現実に登場するようになる日もくるかもしれませんが、そのような時代がきたときには、宇宙空間で生まれた子供の国籍を巡る問題や地球で生活する人々と宇宙で生活する人々の格差など、解決しなければならない問題が数多く出てくると思います。決してガンダムで描かれているような不幸な対立を生まないためにも、公平なルールを作り、運用していくことが大切だと思います。

〔齋藤崇〕

第8章
国際宇宙法

【写真】超小型衛星「ほどよし4号」により
撮影された千葉県の沿岸部
〔写真提供＝東京大学中須賀船瀬研究室〕

第8章-1
国際宇宙法の構造

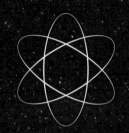

1 宇宙のルール＝国際宇宙法

　通常のビジネスや社会活動と同じく、宇宙活動と切っても切り離せないものが国際ルールです。ただ、地上と異なり国境がない宇宙のなかで多数の国家や企業などが宇宙活動を行うため、国際ルールがいっそう重要であるといえます。宇宙活動における国際ルールを定めるのが、国際宇宙法です。

　現在の宇宙活動は、国家的活動だけでなく民間（私人）の活動も増えており、そのようななかで国際宇宙法を特徴づけるのは、私人の宇宙活動について国家が責任を負うこととされている点にあります。

2 国際宇宙法の構造

　国際宇宙法には、条約とソフトローという国家間の関係におけるルールがあり、これにのっとり民間の活動を具体的に規律するために各国の国内法が整備されるという構造になっています。

　まず、条約とは、二国間以上の国家間で取り交わされるルールであり、法的拘束力を持つものです。国際宇宙法として重要なものとしては、国連総会の補助機関である「宇宙空間平和利用委員会（COPUOS）」で起草され、国連総会で採択された5つの宇宙条約[1]があります。また、二国間の宇宙協力協定は非常に多くのものがありますが、日本に関係するものとしては、日米宇宙開発協力に関する交換公文（1969）、日米クロスウェーバー協定（1995）があります。

　これに対し、ソフトローとは、形式的には法的拘束力はないものの、多くの国家が事実上それに従う形をとっている勧告やガイドラインのよ

うなものです（第8章-5参照）。国際宇宙法関連で重要なソフトローとしては、まずCOPUOS法律小委員会で議論され国連総会決議として採択された7つ[2]ですが、それにとどまらず、COPUOS科学技術小委員会作成の技術的ガイドラインや宇宙機関間の推奨活動標準としての行動規範などもあります。

3 国際宇宙法形成の動向

国連COPUOSは、1カ国でも反対すれば合意形成できないコンセンサス方式を採用しているため、1980年代以降、条約作成能力を事実上喪失しています。しかし科学技術の発展にともない、宇宙の探査・利用も発展し続けており、これを規律する普遍的なルールはいっそう必要とされている状況です。

そのため、国際社会は、1980年代以降から現在に至るまで、宇宙諸条約では未解決の問題に対して、国連総会決議、国連内外のガイドライン、行動規範等の法的拘束力を持たないソフトローによって対処しようとしてきました[3]。普遍的ルールとしての条約制定が困難であることから、国際宇宙法の分野においてはソフトローの重要性が今後より一層高まっていくといえます。

〔馬場龍行〕

注 >>>>>
1) ①1967年「宇宙条約」、②1968年「宇宙救助返還条約」、③1972年「宇宙損害責任条約」、④1975年「宇宙物体登録条約」、⑤1979年「月協定」。
2) ①1982年「直接放送衛星原則」、②1986年「リモートセンシング原則」、③1992年「原子力電源使用制限原則」、④1996年「スペース・ベネフィット宣言」、⑤2004年「打ち上げ国」概念適用、⑥2007年「国家・国際組織の宇宙物体登録実行向上勧告」、⑦2013年「宇宙の平和的探査・利用に関する国内法制定勧告」。
3) スペースデブリ低減、リモートセンシング画像配布、原子力電源利用、宇宙の商業利用時代への対応、通信衛星の周波数・軌道位置獲得問題など。

参考文献等 >>>>>
- 小塚荘一郎・佐藤雅彦編著『宇宙ビジネスのための宇宙法入門（第2版）』7-11頁、28-34頁（有斐閣、2018）

第8章-2
国際的機関の概要

　宇宙に関する国際的機関はいくつかありますが、そのなかでも代表的なものとして挙げられるのが、宇宙空間平和利用委員会（COPUOS）です。

　COPUOSは、1958年に国連総会の補助機関として、1年限りで設置され、翌1959年開催の第14回国連総会で採択された「宇宙空間の平和利用に関する国際協力」と題する決議によって、国連の常設委員会となりました。2018年5月時点の構成国は、日本を含め87カ国になります。

　COPUOSの任務は、宇宙空間の研究に対する援助、情報の交換、宇宙空間の平和利用のための実際的方法および法律問題の検討を行い、これらの活動の報告を国連総会に提出することです。近年、民間企業も含めた各国の宇宙活動が多様化、活発化してきています。COPUOSは宇宙空間の平和利用を進めるために、地上における人材育成から宇宙空間における環境保全まで、宇宙に関する幅広い分野の議論を行っています。COPUOSの下には、科学技術小委員会および法律小委員会が設置されており、本委員会は毎年6月に、科学技術小委員会は毎年2月に、法律小委員会は毎年3月から4月にかけて、ウィーンにおいて開催されています。① 1967年（年数は署名開放の年。以下同じです。）の宇宙条約、② 1968年の宇宙救助返還協定、③ 1972年の宇宙損害責任条約、④ 1975年の宇宙物体登録条約、⑤ 1979年の月協定は、COPUOSの法律小委員会にて起草されたものです（第8章-3、4参照）。もっとも、COPUOSは1カ国でも反対すると合意を形成できない「コンセンサス方式」を採用しているため、条約の採択は困難になってきています。

他の国際的機関として、宇宙空間研究委員会（COSPAR）があります。COSPARは1958年に国際学術連合会議（現：国際科学会議）の下部組織として設立されました。

　COSPARの目的は研究成果や情報、意見を交換することにより、国際レベルでの宇宙空間の科学研究を促進させることにあり、シンポジウムの開催や出版、宇宙科学研究者に対して賞やメダルの授与を行うなどの活動をとおして、宇宙空間の科学研究の促進に寄与しています。

　その他にも、アジア太平洋地域における宇宙利用の促進を目的として、アジア・太平洋地域宇宙機関会議（APRSAF）が1993年に設立されました。各国の宇宙機関や行政機関をはじめ、国際機関や民間企業、大学・研究所などさまざまな組織の参加を経て、アジア地域の宇宙分野での国際協力を具体的に検討する場として活用されています。

〔小林永治〕

第8章-3
国際宇宙法の歴史①
宇宙条約

　国際宇宙法の法源である条約のうち、国連宇宙空間平和利用委員会（COPUOS：United Nations Committee on the Peaceful Use of Outer Space）で採択された条約は、わずか5条約（以下「宇宙5条約」といいます。）にとどまります。1967年に署名開放された月その他の天体を含む宇宙空間の探査及び利用における国家活動を律する原則に関する条約（宇宙条約）、1968年に署名開放された宇宙飛行士の救助及び送還並びに宇宙空間に打ち上げられた物体の返還に関する協定（宇宙救助返還協定）、1972年に署名開放された宇宙物体により引き起こされる損害についての国際的責任に関する条約（宇宙損害責任条約）、1975年に署名開放された宇宙空間に打ち上げられた物体の登録に関する条約（宇宙物体登録条約）および1979年に署名開放された月その他の天体における国家活動を律する協定（月協定）です。日本は、月協定以外の4条約に加盟しています。

　最後に採択された月協定からすでに40年近くが経過していることからわかるように、COPUOUSでは新しい条約を採択することが難しい状況にあります。これは、COPUOUSにおいて、全会一致で採択する「コンセンサス」方式が採用されているためです。

　まず、宇宙条約1条は、宇宙空間における探査や天体等への立入り、あるいは、宇宙空間における科学的調査は自由であり、すべての国がいかなる差別もなく行い得るものであると定めています。これを「宇宙活動自由の原則」といいます。

　他方で、宇宙条約2条は、天体や宇宙空間については、国による主権や占拠の対象とはならないことを定めています。これを「領有権禁止の

原則」といいます。国による主権の対象とならないということは、国に属する民間企業や民間人の所有権の対象ともならないということを意味します。一時期月の土地の販売が流行りましたが、一企業が月の土地を所有することはできませんので、実は法的根拠はなかったのです。

　宇宙条約4条は、核兵器や大量破壊兵器を宇宙空間、地球周回軌道、天体に設置等してはならないこと、月などの天体は平和的に利用しなければならないことを定めています。これを「宇宙平和利用の原則」といいます。注意が必要なのは、「平和的利用」＝「軍事的な利用の禁止」ではないことです。いわゆる自衛権の範囲内の利用であれば「平和的利用」と認められます。

　宇宙条約6条は、政府機関による活動か、私企業・民間人による活動かにかかわらず、天体や宇宙空間での活動について、国が責任を有することを定めています。これを「国家責任集中の原則」といいます。これは数ある条約のなかでも珍しい取扱いです。この原則がひとつのインセンティブとなって、宇宙条約に加盟する国は、国内法により、自国民および自国内からの宇宙活動について許可制を定めるとともに、必要な監督ができるような法制度を設けています。そして、宇宙条約7条は、宇宙空間に物体を発射する国、発射させる国、および自国の領域・施設から発射される国を、その物体が生じさせる損害に関する責任を負う国と定めています。これは、たとえば、A国の企業が、B国内から、C国のためにロケットを発射させ、これがX国内に落下して損害が生じた場合、A国、B国、C国いずれもX国に対する責任を負うということを意味しています。

　最後に、宇宙条約8条は、宇宙空間に発射された物体については、この物体の登録国が、この物体および乗員に対する管轄権・管理権を有することを定めています。これは、たとえば、A国が打ち上げたスペースシャトルが宇宙空間にあるときに、B国の乗員XがC国の乗員を誤って傷つけてしまった場合、B国やC国ではなくA国の法律が適用され、XはA国の法律に従って裁かれることを意味しています。

〔鈴木卓〕

第8章-4
国際宇宙法の歴史②
宇宙関連条約

　第8章-3において、宇宙条約で採用されている重要な原則を簡単に解説しました。この項目では、宇宙条約以外の4つの条約について、その内容を簡単に解説します。

　まず、宇宙物体により生じた損害の責任関係を定める宇宙損害責任条約およびこれに関連して宇宙物体登録条約について解説します。

　宇宙損害責任条約2条は、打上げ国は、自国の宇宙物体が地表で起こした損害、飛行中の航空機に与えた損害について、無過失責任を負うものと定めています。大変厳格な責任を負わせる規定内容になっています。例外的に、損害が、損害賠償請求している国やその国民・企業の重過失または意図的な作為・不作為により生じたものであることを打上げ国が証明した場合に限り、打上げ国は責任を免れることができます。

　では、「打上げ国」とは何でしょうか。宇宙損害責任条約1条では、「打上げ国」を、宇宙物体を打ち上げる国、打ち上げさせる国、宇宙物体が自国の領域施設から打ち上げられる国と定義しています。つまり、A国の企業が、B国の領域から、C国のためにロケットを打ち上げる場合、A国、B国、C国いずれも「打上げ国」に該当し、上記の厳格な責任を負うということです。

　ただ、現実には、事故が起きた際に当該宇宙物体について、どの国が「打上げ国」かを確認することは容易ではありません。そこで、現実に「打上げ国」がどの国かを確認できるひとつの仕組みが、宇宙物体登録条約により設けられている宇宙物体の登録制度です。宇宙物体の登録がなされれば、登録国が「打上げ国」であることが明確になることから、被害者（被害国）としては、登録国を「打上げ国」として損害賠償を求めることができま

す。打上げ国が複数ある場合は、打上げ国の間で協議により登録する国を決定することとされています。なお、「打上げ国」の責任が上記のとおり大変重いものであることから、国によっては宇宙物体の登録を嫌がる国もあり、相当数の宇宙物体が未登録となっているというのが今の現実です。

　宇宙損害責任条約では、「損害」の範囲については、人の死亡、身体の障害、国・その国民・企業の財産の損傷などが含まれるとされています。

　次に、宇宙救助返還協定は、事故等の場合の宇宙船の乗員に対する救助・援助を定めることを目的に採択された条約です。すべての締約国は、宇宙船の事故等を把握した際には、打上げ機関および国連事務総長に連絡するとともに、当該宇宙船の乗員の救助のために必要となるすべての措置を行い、また、必要な援助を提供することとされています。さらに、締約国の領地・領海に落下した宇宙船等の物体については、打上げ機関の費用負担で回収され、打上げ機関に返還されることとなっています。

　最後に、月協定は、月その他の天体の探査および利用に関する国際的な枠組みを定めるものです。月協定は、月に限らず、地球以外の太陽系の他の天体にも適用されます。月協定は、月その他の天体の平和的な利用、月その他の天体の探査および利用はすべての国の利益のために行われなければならないこと、ミッション前後における情報共有、月その他の天体から採取した鉱物その他の物質の他の締約国による利用に対する配慮、月その他の天体の環境保護などを定めています。ただし、日本を含む積極的に宇宙活動を行っている国は月協定には加盟しておらず、実際には実効力を有しない条約となっています。もっとも、今後宇宙資源の活用――宇宙資源を地球に持ち帰るのではなく、宇宙の深部に進出するための拠点の作成などの宇宙活動に宇宙資源を活用すること――が活発化すれば、月協定において定める宇宙資源の活用のためのルールが再評価され、積極的に宇宙活動を行う国も月協定に参加するかもしれません。他の宇宙5条約では宇宙資源の活用については触れておらず、月協定の動向も注視しておく必要があります。

〔鈴木卓〕

第8章-5
国際宇宙法の歴史③ ソフトロー

　宇宙活動のルールは、法的拘束力を有する条約によって定められるだけではなく、法的拘束力を持たない「ソフトロー（Soft law）」によっても定められています。近年、国際宇宙法分野で重要性が高まっているソフトローとは一体何なのか、なぜその重要性が高まっているのかについてみていきましょう。

1 条約策定の難しさ

　国連総会補助機関である宇宙空間平和利用委員会（COPUOS）は、宇宙活動のルールを策定するための、もっとも重要な議論の場です。COPUOSではこれまでに、宇宙活動に関する5つの条約・協定と5つの宣言・原則等が策定されました。

　COPUOSが国連の非常設委員会として発足した1958年当時、COPUOSの加盟国は、わずか18カ国のみでした。その後、科学技術の進歩により宇宙開発利用への期待が高まるにつれて加盟国が増加し、2018年9月末現在、87カ国にまで増加しています。COPUOSでは条約等を策定する際、全会一致で決定する方式をとっていますが、加盟国が増加するにつれて利害関係が複雑化し、全会一致で条約を策定することが極めて難しくなりました。そのためCOPUOSでは1979年に月協定が策定されて以来、現在に至るまで、条約は策定されていません。

2 条約に代わるソフトロー

　法的拘束力のある条約に代わって、宇宙の探査・利用活動を規律するものとして重宝されているのがソフトローと呼ばれる規範です。ソフト

ローとは「条約のような法的拘束力は認められないが、従うべきものとして尊重される規範」のことを指します。たとえば、国連総会決議、COPUOSや国連の専門機関である国際電気通信連合（ITU）等が採択した決議やガイドライン、および米国航空宇宙局（NASA）をはじめとする各国宇宙機関の間で合意された専門的・技術的な文書などがソフトローにあたります。特に、COPUOSで策定され国連総会で支持表明（endorse）の決議がなされる文書には、宇宙活動のルールとして高い重要性が認められています。

　ソフトローが重宝される理由のひとつに、条約よりも改正が容易であることがあげられます。国家間の合意という重大な意思決定を行い条約を策定するには、通常長い時間を要します。一方で、国連の専門機関等において、条約よりも簡易な手続きで策定できるソフトローは、技術の発展に応じた改正等も容易であり、使い勝手がよいのです。

3　ソフトローの具体例

　たとえば、2007年にCOPUOSにおいて策定された「国連COPUOS宇宙デブリ低減ガイドライン」があります。これは、打上げにともない排出されるロケット上段などのスペースデブリ（宇宙ゴミ）の低減を図るガイドラインです。

　今後も、技術の発展や宇宙ビジネスの活発化を受けて、条約ではなく、ソフトローの形式による宇宙活動のルール作りが、いっそうさかんになることが見込まれます。

〔木村響〕

参考文献等 >>>>>
- 酒井　啓亘ほか『国際法』175-177頁（有斐閣、2011）
- 青木節子「第5章 宇宙法におけるソフトローの機能 - 市場と公益の調整原理」中山信弘＝小寺彰＝道垣内正人編集『ソフトロー研究叢書第5巻 国際社会とソフトロー』89-92頁（有斐閣、2008）
- 国立国会図書館 調査及び立法考査局「科学技術に関する調査プロジェクト2016 報告書　宇宙政策の動向」145-156頁（2017年3月）〈http://dl.ndl.go.jp/view/download/digidepo_10314933_po_20170360.pdf?contentNo＝1〉（最終閲覧日2018年6月3日）
- United Nations Office for Outer Space Affairs"Committee on the Peaceful Uses of Outer Space: Membership Evolution"（http://www.unoosa.org/oosa/en/ourwork/copuos/members/evolution.html、最終閲覧日2018年10月6日）

>>>>>> 第8章-6 >>>>>>
各国の法制動向

　宇宙活動を行う国においては、宇宙諸条約の義務の遵守や宇宙活動にともない、自国が負担する可能性のある損害の回避および軽減を視野に、国内宇宙法が整備されてきました。伝統的な宇宙活動国である米国、フランス、ロシアなどが、自国からロケットを打ち上げることを念頭に、先行的に国内法を整備してきた歴史があります。こうした例では、打上げにおける安全管理を確保するための規制を中心に国内法の整備が進められてきました。

　こうした各国の国内宇宙法の整備は、民間における宇宙活動の発展を促進し、阻害しないように進められるという側面もあります。

　米国では、いち早く、民間における宇宙活動の発展を後押しする国内法制の整備がなされてきました。1984年に商業宇宙打上げ法が制定され、打上げ用ロケットの商業化が図られました。1998年に制定された商業宇宙法は、米国航空宇宙局（NASA）が宇宙輸送サービスを民間から調達することを可能としました。こうした後押しもあり、米国では、宇宙ベンチャーであるSpaceX社などがロケット開発を進め、次々と革新的な成果を収めています。米国では、民間の活力を促進するべく、さらに2015年に商業宇宙打上げ競争力法が成立しています。また、ニュージーランドでは、近時、民間によるロケット打上げの成功を受け、2017年に、急遽宇宙法制を整備しました。さらにイギリスでも、商業宇宙活動を促進する観点から、2018年に宇宙産業法が成立しました。イギリスは、世界全体の商業的宇宙活動市場の10％を占めるという野心的な目標を標榜しています。

　これに対し、宇宙活動国のなかでも、ロシアや中国においては、国家

や宇宙機関、国営企業などの公的機関による宇宙活動を前提として国内法制が整備されています。

　宇宙諸条約の遵守とは異なる発想による国内宇宙法もあります。衛星リモートセンシング事業については、技術の発展により、高解像度画像の撮影が可能となっています。自国で高解像度のリモートセンシング事業が想定される国では、かかる事業を促進しつつ、安全保障上の目的からこれを一部制限するための規制を導入しています。米国ではいち早く1992年に規制が導入され、その後、2000年代以降、カナダ、ドイツ、フランス、ロシアなどでも規制が導入されました。

　近時、新しい宇宙ビジネスの促進を意識した国内法制の整備がなされる例がみられます。たとえば、月面や小惑星における資源の探査と採掘を想定する宇宙資源開発の分野については、宇宙条約上の義務をいかにして遵守していくかについて課題があるとされていますが、民間事業者による宇宙資源に対する所有権等の権利の取得を可能とするための国内法制が、米国やルクセンブルクで成立しています。

　また、新たな軌道上ビジネスの形として、たとえば、スペースデブリの除去のため、軌道上で他の衛星と接触するなどして、当該他の衛星の軌道を変更したり、また、宇宙空間に物体を放出するなどの活動が想定されています。かかる新たな軌道上ビジネスを促進する観点から、イギリスやフランスでは、軌道上での衛星間衝突事故の損害について、政府による一定の補償制度や第三者損害賠償保険への加入の義務付けの制度が導入された点が着目されます。

　日本においても、諸外国の例を踏まえて、新しい宇宙ビジネスの促進の観点から、国内法制のあり方について議論がなされはじめています。今後も、各国の法制の動向からは目が離せません。

〔藤井康次郎〕

コラム

惑星の命名

「水金地火木土天海冥」。太陽系の惑星の名前を覚えるための語呂として多くの読者の皆さんが耳にしたことがあるのではないでしょうか。冥王星の位置によっては、「水金地火木土天冥海」となると教えられた方もいるかと思います。もっとも、2006年に冥王星が惑星ではないと認定されたのも記憶に新しいところです。太陽系の惑星の名前の由来はギリシャ神話に登場する神々の名前であることは有名ですが、実は一週間の曜日の呼び方もこの太陽系の惑星の名前に由来しているといわれています。すなわち、曜日の「曜」には、光り輝く天体という意味があり、さらに、日・月・火・水・木・金・土の7つの天体を指して、七曜と総称されています。この七曜の各天体が一週間のそれぞれの呼び方として割り当てられているのです。このため、木曜日を例に挙げれば、実は木曜日には「木星の日」という意味が込められています。

このようにすでに発見された太陽系の惑星の名前は決められておりますが、昨今の観測機器の機能向上および観測技術の発展により、太陽系内の小惑星や衛星等に限られず、太陽系外の惑星も次々に発見されています。それらのような新たに発見された惑星等には、どのように名前が付けられているのでしょうか。

まず、惑星等の名前を管理しているのは、国際天文学連合（IAU）という国際機関です。1919年に設立され、そのメンバーは、世界101カ国の天文学者を中心として、約12,000名で構成されています（2018年5月時点）。この国際天文学連合のなかに、恒星、惑星系、そして、小天体のそれぞれにつき、それらの命名に関するワーキンググループが組成され、そこで惑星名の候補が整理、検討されているのです。

惑星等の名前を決める際には、発見された惑星等が太陽系内にあるものか、太陽系外にあるものか、また、それが恒星なのか、惑星なのか、

準惑星なのか、小惑星なのかによって手続きが異なっています。たとえば、太陽系内の準惑星や衛星の命名は、その発見が国際天文学連合に連絡されたときに仮の名前が付けられ、その後発見者が神話に出てくる名前をひとつ選んで候補とすることができますが、最終的には国際天文学連合が決定することとなっています。他方で、太陽系内の小惑星の命名は、まず国際天文学連合が数字の仮符号を付与しますが、軌道が最終的に確認されて新天体と認められた後に、発見者が一定の名付けのルールに従って名前を提案することができるとされています。次に、太陽系外の惑星系の命名は、軌道の中心となっている恒星の名前の後に、その惑星系の発見順にb、c、d...との順番でアルファベットが付与されることとなっています。たとえば、ペガスス座51番星bは、太陽系外の恒星であるペガスス座51番星の軌道を回る惑星として最初に発見されたため、bとのアルファベットが付与されています。なお、このように発見順にアルファベットを付与するため、アルファベットの順番が恒星からの距離を示すものではありません。

　ところで、国際天文学連合は、2015年、それまでに発見された太陽系外の惑星系の正式名称を一般から公募し、最終的には31個の惑星系について公募された名前を正式名称として決定しました。今後の研究の進捗状況次第では、名称が付けられていない惑星系の命名に関する公募が行われるかもしれません。惑星等の命名に興味がある読者の皆さんは、是非とも積極的な情報収集に取り組んでみてはいかがでしょうか。

〔藤本博之〕

第9章

日本の宇宙法

【写真】エドワーズ空軍基地に着陸するスペースシャトル
「エンデバー号」〔写真提供＝NASA〕

第9章-1
日本の宇宙法の概観

　前章では国際宇宙法や諸外国の宇宙に関する法制度をご紹介しましたが、本章では日本の宇宙に関する法制度の状況を説明します。

　日本では長らく国内宇宙法不在の時代が続きました。1983年に宇宙関連条約に一括加入（ただし月協定は未署名）するにあたり、条約履行確保のための国内法整備の必要性が議論されましたが、当時は、民間企業によるロケット打上げや衛星管理は行われていなかったため、国内立法は不要と判断されました。

　しかしながら、これまで述べてきたとおり、日本の宇宙技術は目覚ましい発展を遂げ、民間企業による宇宙ビジネスが活発化したことから、2008年にようやく宇宙活動の基本的事項を定める国内法としての宇宙基本法が制定されました。

　宇宙基本法の詳しい内容については、第9章-5において述べますが、同法は、①宇宙の平和的利用、②国民生活の向上、③産業の振興、④人類社会の発展、⑤国際協力等の推進、⑥環境への配慮、を日本の宇宙開発利用に関する基本理念として明確化しました。

　また、宇宙基本法は、民間の宇宙活動に係る許可および継続的監督などの国際約束を実施するために必要な法整備を速やかに行うことを定めたものであり、これを受けて、2016年には宇宙活動法（第9章-7参照）と衛星リモセン法（第9章-8参照）が制定されました。

　宇宙活動法および衛星リモセン法の詳しい内容については第9章-7および8において述べますが、宇宙活動法は、①人工衛星およびその打上げ用ロケットの打上げに係る許可制度、②人工衛星の管理に係る許可制度、③第三者損害の賠償に関する制度などを定めるものです。衛星リ

モセン法は、日本における衛星リモートセンシング記録の適正な取扱いを確保するため、①衛星リモセン装置の使用に係る許可制度、②衛星リモセン記録保有者の義務、③衛星リモセン記録を取り扱う者の認定など必要な事項を定めるものです。

　いずれの法律も、宇宙開発利用の果たす役割を拡大するという宇宙基本法の理念にのっとって制定されたものであり、まさに日本の宇宙開発利用を制度的に後押しするものです。

　日本の宇宙技術は成熟期を迎えつつありますが、日本の宇宙に関する法制度はまさに黎明期。あらゆる活動にルール（規制）は必要ですが、ルール（規制）は当該活動を"後押し"するために存在するものです。宇宙開発利用という前例のない、かつ不確実性の高い分野におけるルールメイキングは非常に困難な作業ですが、日本の宇宙に関する法制度は宇宙開発利用の振興に寄与するものであり続ける必要があると考えます。

〔山本浩平〕

参考文献等 >>>>>
- 小塚荘一郎・佐藤雅彦編著『宇宙ビジネスのための宇宙法入門（第2版）』155-179頁（有斐閣、2018年）

第9章-2 日本の宇宙政策の歴史

　日本の宇宙開発の歴史は古く、1955年に糸川英夫博士が東京都国分寺市で行ったペンシルロケットの水平発射実験が、日本の宇宙開発の出発点といわれています。ペンシルロケットは、戦後に廃棄された航空機の材料（ジュラルミン）を流用して作られたもので、「ペンシル」の名前のとおり230mm程度の非常に小型のロケットでした。

　日本は太平洋戦争の敗戦にともない、サンフランシスコ講和条約の調印がなされるまで、航空宇宙関連の研究開発が一切禁止されていました。このペンシルロケットの水平発射実験は、航空宇宙関連の研究開発が解禁された後に行われた、我が国最初のロケット実験になります。

　1960年代に入り、米ソを中心として実用衛星や宇宙探査計画がさかんに実施されるようになると、日本は、自国の実用衛星を保有する必要性を認識し、「ペンシルロケット」から発展した固体燃料ロケットと、ロケットの大型化が可能な液体燃料ロケットの研究開発を進めていきました。

　こうした日本のロケット技術の研究開発には、米国が強い懸念を抱きました。固体燃料を用いたロケットはミサイル技術に転用できるため、日本による独自のミサイル開発のおそれだけでなく、他国への技術移転・流出のおそれがあったからです。また、日本のロケット技術が高まると、ロケット技術に関する日本の米国への依存が弱まるため、米国の日本に対するコントロールが及ばなくなることや、米国企業が独占していた国際衛星に関する既得権益が脅かされることも懸念されていました。

　そこで米国政府は、日本に対して自国の液体燃料ロケット（ソー・デルタ、Thor-Delta）の技術を供与し、米国のロケット技術への依存を高めようと考え、日本に対する宇宙技術供与を決定しました[1]。

こうした政治的背景もあるなか、日本は、1970年に独自に固体燃料ロケットを使用して人工衛星「おおすみ」を打ち上げることに成功し、ソ連、米国、フランスに次いで世界で4番目の自国ロケットによる人工衛星打上げ国になりました。また、科学技術庁の下部機関として発足した宇宙開発事業団（NASDA）は、液体燃料ロケットの実用化を急ぐために米国の液体燃料ロケット（ソー・デルタ）の技術を導入することで、1975年には、液体燃料ロケットによって技術試験衛星「きく」を打ち上げることに成功しました。

　1980年代半ばになると、日本は、米国への依存から脱却するために、主要な技術のすべてを国内で開発する方向に舵を切ることになります。その後1997年まで、合計5機の国産液体燃料ロケット（H-IIロケット）の連続打上げに成功し、三菱重工業株式会社が米国のボーイング社から次世代デルタロケットのエンジン部品の製作受注するなど、日本の宇宙開発は目覚ましい進歩を遂げていきました。

　2003年には、日本全体の宇宙開発利用を支える宇宙航空研究開発機構（JAXA）が発足することになりました。その5年後の2008年に、日本における宇宙開発・利用の基本的枠組みを定める基本法として、宇宙基本法が施行されました。2016年になると、国際的な宇宙ビジネスの拡大を目指す宇宙活動法などの法律が成立し、宇宙開発のみならず宇宙活動ビジネスの環境整備もなされていきました。

　現在の日本の宇宙技術は成熟期を迎えており、従来の研究開発に加え、公共サービスとしての利用や、産業振興の起爆剤としての役割も期待されています。同時に日本は宇宙先進国として国際社会に対する責任も負っており、この先の宇宙開発の発展について、更なる存在感を示していくことが求められています。

〔馬場悠輔〕

注 >>>>>
1）　鈴木一人『宇宙開発と国際政治』177頁（岩波書店、2011年）。

>>>>>> 第9章-3 >>>>>>
日本の宇宙機関（JAXA）の概要および役割

1　JAXA の概要

　JAXA は、日本の航空宇宙科学技術に関する研究開発機関であり、その正式名称を国立研究開発法人宇宙航空研究開発機構（Japan Aerospace Exploration Agency）といいます。JAXA は、2003 年 10 月に、基礎研究や宇宙探索などを行っていた宇宙科学研究所（ISAS）、人工衛星やロケットの開発を行っていた宇宙開発企業団（NASDA）、航空宇宙技術の研究機関であった航空宇宙技術研究所（NAL）の 3 つの機関が統合されて設立された独立行政法人です。JAXA は、政府全体の宇宙開発利用を支える中核的実施機関と位置付けられており、業務に応じて内閣総理大臣、総務大臣、文部科学大臣および経済産業大臣の 4 大臣が主管しています。各大臣は、宇宙基本法に基づいて宇宙開発利用などに関する中長期目標を策定し、JAXA はその目標達成に向けて具体的な施策を実施します。

2　JAXA の役割

　JAXA の目的や業務範囲などに関する事項は、国立研究開発法人宇宙航空研究開発機構法（以下「JAXA 法」といいます。）に定められています。前記のとおり、JAXA は、宇宙航空に関して異なる立場から活動を行っていた 3 つの機関が統合されて設立された経緯から、その目的・業務範囲は、宇宙航空の基礎研究から開発・利用全般にわたります。具体的には、次のような活動を行っています（JAXA 法 18 条）。

　① 　大学との共同その他の方法による宇宙科学に関する学術研究
　② 　宇宙科学技術や航空科学技術に関する基礎研究、宇宙および航空

に関する基盤的研究開発
③　人工衛星などの開発やこれに必要な施設・設備の開発
④　人工衛星などの打上げ、追跡、運用やこれらに必要な施設・設備の開発
⑤　①から④の業務に関する成果の普及と活用促進
⑥　③・④の業務に関する民間事業者への援助や助言
⑦　宇宙開発などを行う者への施設や設備の利用提供
⑧　宇宙科学技術、航空科学技術などに関する研究者や技術者の養成と資質向上
⑨　大学院などによる教育への協力

3　JAXAの今後の取組み

JAXAの2018年4月1日から2025年3月31日までの中長期目標には、次の4つの取組方針[1]が定められています。
①　安全保障の確保および安全・安心な社会の実現
②　宇宙利用拡大と産業振興
③　宇宙科学・探索分野における世界最高水準の成果創出および国際的プレゼンスの維持・向上
④　航空産業の振興・国際競争力強化

JAXAはこれらの方針を踏まえ、たとえば、大容量通信を可能とする衛星通信技術の研究開発や、スペースデブリなど宇宙状況を把握するための体制構築、国際宇宙ステーション（ISS）における有人宇宙滞在技術の実証の推進や国際宇宙探索における日本の国際的プレゼンスの維持・向上など、さまざまな具体的取組み[2]を掲げています。　　　　〔澤田孝悠〕

注 >>>>>
1)　『国立研究開発法人宇宙航空研究開発機構が達成すべき業務運営に関する目標（中長期目標）』（内閣府ほか、2018年3月1日）。
2)　詳しくは、JAXAのホームページに掲載されています中長期目標（http://www.jaxa.jp/about/plan/）をご覧ください。

第9章-4
日本の官公庁の概要およびその役割

　日本の宇宙政策は、従前、「科学技術・研究開発」主導であり、旧文部省と旧科学技術庁によって主に遂行されてきました。しかし、2008年の宇宙基本法の制定により、日本の宇宙政策は大きく転換し、「科学技術・研究開発」主導を脱し、「科学技術」「産業振興」「安全保障」の三本柱が掲げられ多元化することになりました。そこで、各省庁の枠を超えて、宇宙開発利用に関する施策の総合的かつ計画的な推進を行うために、内閣総理大臣を本部長としてすべての国務大臣で構成する宇宙開発戦略本部が設置されました（宇宙基本法25条）。宇宙開発戦略本部は、宇宙開発利用の推進に関する基本的な方針、宇宙開発利用に関し政府が総合的かつ計画的に実施すべき施策等を定める宇宙基本計画を策定し、また毎年、宇宙基本計画工程表の改訂を行っています。もっとも、宇宙政策は、総花的に行うことは適切ではなく、限られた予算のなかで最大限の成果を上げることが求められるため、高度で専門的な判断が必要となります。そこで、学識経験者からなる諮問委員会としての宇宙政策委員会が設置されています（内閣法設置法38条）。宇宙政策委員会は、本委員会（公開）と、宇宙安全保障部会、宇宙民生利用部会および宇宙産業・科学技術基盤部会（非公開）の3つの部会と、さらに3つの小委員会等で構成されています。

　このように宇宙開発戦略本部および宇宙政策委員会が日本の宇宙政策の中心となりますが、かかる機能を十全化するためにも、事務局としての宇宙開発戦略推進事務局の役割が重要となります（内閣府設置法40条）。同事務局は、日本の宇宙開発利用に関する政策の企画および立案ならびに総合調整など、宇宙政策の司令塔の機能を担っています。ま

た、準天頂軌道の衛星が主体となって構成される日本の衛星測位システムの実施運用を行っています。その他各省庁では、各々の役割に応じて横断的な連携を強化しており、たとえば、国土交通省[1]では、気象観測、測量、航空管制などの所管業務を遂行しています。また、総務省では、通信放送関連の研究開発を行っており、たとえば「宇宙×ICTに関する懇親会[2]」が定期的に行われています。下図は、このような各省庁間の関係を示しています。

〔稲垣航〕

■ 日本の官公庁の全体像

出所：内閣府ウェブサイト

注 >>>>>
1) 「国土交通省の宇宙政策」(http://www.mlit.go.jp/sogoseisaku/safety/sosei_safety_tk2_000015.html、最終閲覧日2018年6月30日)。
2) http://www.soumu.go.jp/main_sosiki/kenkyu/space-times-ICT/index.html

参考文献等 >>>>>
- 小塚荘一郎・佐藤雅彦編著『宇宙法入門（第2版）』160頁以下（有斐閣、2018年）
- 「内閣府　宇宙政策」(http://www8.cao.go.jp/space/index.html、最終閲覧日2018年6月30日)

第9章-5
宇宙基本法および宇宙基本計画

　宇宙基本法とは、日本における宇宙開発およびその利用に関する基本理念・基本事項を定めた法律です。これは、宇宙政策に関する初めての国内法で、2008年5月に成立・公布され、同年8月に施行されました。これまで、日本における宇宙政策は、「科学技術・研究開発」に重きが置かれていた一方で、国民生活の向上や産業の発展に必ずしも貢献できていない状況でした。このような状況を打破し、国民生活の利便性に資するため、また、国内の宇宙産業の競争力強化を図るため、政府は、新たに「科学技術」「産業振興」「安全保障」の三本柱からなる総合的国家戦略へと舵を切ることとしました。こうして制定された宇宙基本法は、宇宙開発利用に関する施策を推進し、国民生活の向上および経済社会の発展に寄与し、世界の平和および人類の福祉の向上に貢献することを目的と定めました（1条）。また、宇宙基本法は、日本における宇宙開発利用に関する以下の6つの基本理念を規定しました（内閣府発表「宇宙基本法（骨子）」より抜粋）。

① 宇宙の平和的利用：宇宙開発利用は、宇宙開発利用に関する条約その他の国際約束の定めるところに従い、日本国憲法の平和主義の理念にのっとり、行われるものとすること

② 国民生活の向上等：国民生活の向上、安全で安心して暮らせる社会の形成、災害、貧困その他の人間の生存および生活に対するさまざまな驚異の除去、国際社会の平和および安全の確保、我が国の安全保障に資する宇宙開発利用の推進

③ 産業の振興：宇宙開発利用の積極的かつ計画的な推進、研究開発の成果の円滑な企業化などによる我が国の宇宙産業その他の産業の

技術力および国際競争力の強化
④　人類社会の発展：人類の宇宙への夢の実現や人類社会の発展に資する宇宙開発利用の推進
⑤　国際協力等の推進：国際社会における役割を積極的に果たし、我が国の利益の増進に資する宇宙開発利用の推進
⑥　環境への配慮

　そして、宇宙基本法は、宇宙開発利用に関する施策を総合的・計画的に推進するため、司令塔として内閣に「宇宙開発戦略本部」を設置し（25条）、内閣総理大臣が本部長、内閣官房長官と宇宙開発担当大臣が副本部長、その他すべての国務大臣が本部員となることを定めました（28条、29条、30条）。これにより、これまで、文部科学省、経済産業省、総務省、国土交通省といった関係省庁がばらばらに担当していた宇宙行政を一元化することができ、より効率的・戦略的な宇宙開発利用の実践が可能となりました。

　宇宙開発戦略本部は、「宇宙基本計画」（宇宙開発利用に関する施策の総合的かつ計画的な推進を図るための宇宙開発利用に関する基本的な計画）の作成およびその実施の推進に関する事務などを担当します（24条）。2009年6月、宇宙開発戦略本部は、初めての「宇宙基本計画」を発表しました。これは、2009年から2013年までの5年間の基本方針等を取りまとめたものでしたが、その後、2013年、2015年、2016年と短いスパンで「宇宙基本計画」の改訂が行われています。これは、世界的な宇宙環境の変化に対処するため、日本においても、随時、スピーディな対応が求められているためです。

〔金子磨美〕

参考文献等 >>>>>
- 小塚荘一郎・佐藤雅彦編著『宇宙ビジネスのための宇宙法入門（第2版）』155-160頁（有斐閣、2018）
- 内閣府HP『宇宙基本法（骨子）』(http://www.kantei.go.jp/jp/singi/utyuu/kossi.pdf、最終閲覧日2018年5月6日）
- 内閣府HP『宇宙基本計画』(http://www8.cao.go.jp/space/plan/keikaku.html、最終閲覧日2018年5月6日）

第9章-6
宇宙産業ビジョン2030
―第4次産業革命下の宇宙利用創造―

1 宇宙産業ビジョン2030の制定

　我が国では、政府が2016年6月2日、「日本再興戦略2016―第4次産業革命に向けて―」を閣議決定し、そのなかで我が国の宇宙産業の成長目標やその実現に向けた課題や政策を取りまとめた「宇宙産業ビジョン」を策定することを掲げました。また、2016年12月13日に内閣府の宇宙開発戦略本部が決定した宇宙基本計画工程表においても、宇宙産業の振興を図るために「宇宙産業ビジョン」を、2017年春頃を目処に取りまとめることが示されました。

　内閣府の宇宙政策委員会は、これらを受け、2017年5月29日、「宇宙産業ビジョン2030―第4次産業革命下の宇宙利用創造―」を策定しました。

2 宇宙産業ビジョン2030の概要

　宇宙産業ビジョン2030は、宇宙産業が他の産業を牽引する成長産業であり、また我が国の安全保障にも貢献する重要な産業であることを前提に、数値目標として宇宙利用産業も含めた宇宙産業全体の市場規模（現在1.2兆円）を2030年代の早期に倍増させることを目指して取組みを進めることが謳われています。その取組みとしては、「宇宙利用産業」[1]、「宇宙機器産業」[2]、「海外展開」[3]、および「新たな宇宙ビジネスを見据えた環境整備」[4]という各分野について説明がなされています。

　これら取組みのなかで、ベンチャー企業など新規参入者への支援の重要性が指摘されている点が特徴として挙げられます。現在、欧米では、宇宙分野のパラダイムチェンジが起こりつつあります。宇宙分野の技術

革新と相まって、ビッグデータやIoT、人工知能などといった第4次産業のイノベーションが進展しているのです。従来とは異なる新たな宇宙利用サービスの創造、たとえば、各国の石油タンクの衛星写真を人工知能で解析することで、世界中の石油備蓄量を推計し投資家等へ通知するソリューションサービスなど、従来とは異なる新たな宇宙利用サービスが創造されています。欧米のベンチャー企業が、新たなイノベーションや、それを契機に生まれる新たなサービスやビジネスモデルの創造・展開の原動力となっていますが、我が国では現状、ベンチャー企業の層が薄いため、今後はベンチャー企業などの新規参入者への支援がより重要となることが指摘されています。

3 今後想定されている工程と宇宙産業ビジョン2030

　内閣府宇宙開発戦略事業事務局は、2017年12月12日、「宇宙基本計画工程表（平成29年度改訂）」を公表しました。これは、我が国の宇宙政策の目標として「①宇宙安全保障の確保、②民生分野における宇宙利用促進、③産業・科学技術基盤の維持・強化」を据え、具体的取組みの工程を「①宇宙政策の目標達成に向けた宇宙プロジェクト実施方針」、「②個別プロジェクトを支える産業基盤・科学技術基盤の強化策」、「③宇宙開発利用全般を支える体制・制度等の強化策」、および「④宇宙外交の促進及び宇宙分野に関連する海外展開戦略の強化」ごとにまとめています。これらの工程のなかには、宇宙産業ビジョン2030を反映しているものもあります。たとえば、「新事業・新サービスを創出するための民間資金や各種支援策の活用等」では、宇宙産業ビジョン2030を踏まえ、2017年度には「宇宙データ利用モデル事業及び宇宙ビジネスの発掘及びスタートアップ支援（S-Booster）の取組を試行的に実施」されるなどしています。宇宙産業ビジョンで策定された内容が具体化・実現化されているところです。

〔関口康晴〕

注 >>>>>
1) 防災、インフラ維持管理、農林水産業、交通、物流、金融、保険など
2) 衛星、ロケット（打上げサービス）、その他部品製造など
3) 新興国を中心に拡大する海外市場の成長の取込み
4) ベンチャー企業および既存事業者等からの新規参入など

参考文献等 >>>>>
- 内閣府ウェブサイト
- 「宇宙産業ビジョン2030」(http://www8.cao.go.jp/space/public_comment/vision2030.pdf、最終閲覧日2018年6月30日)
- 「宇宙基本計画」(http://www8.cao.go.jp/space/plan/plan3/plan3.pdf、最終閲覧日2018年6月30日)
- 「宇宙基本計画工程表（平成29年度改訂）」(http://www8.cao.go.jp/space/plan/plan2/kaitei_fy29/kaitei_fy29.pdf、最終閲覧日2018年6月30日)

コラム

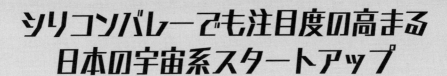
シリコンバレーでも注目度の高まる日本の宇宙系スタートアップ

　日米の有望なスタートアップを発掘することをコンセプトとする、2018 Japan-US Innovation Awards Symposium が、7月13日金曜日にスタンフォード大学で開催されました。本イベントは、Key Note、Emerging Leaders Award の表彰とパネルディスカッション、Innovation Showcase による企業の紹介とパネルディスカッションおよび日本企業の Exit の特徴に関するパネルディスカッションにより構成されていました。

　印象深かったのが、Innovation Showcase で紹介された5社のうち3社が宇宙関係のスタートアップであったこと。宇宙ゴミの回収事業を行う Astroscale 社、月面の水資源を活用して月の開発を行い、月に人間が居住できる環境を作ることを目標として活動する ispace 社、衛星アンテナのシェアリングプラットフォームを提供する Infostellar 社が紹介されていました。特に、ispace 社は、シリーズ A ですでに $100M 規模の資金調達を行っており、注目度／期待の高さがうかがわれます。シリコンバレーの標準では、シリーズ A の資金調達は $10-20M 程度ですから、シリーズ A で $100M という規模の資金調達を行うことができるのは、注目度／期待の高さの証です。

　今年の、Award を受賞した日本のスタートアップは、Mujin（ロボットの Motion Planning のためのソフトウェア（Robot Controller）を開発）でしたが、来年あたりは、宇宙系スタートアップが Award を受賞しているかもしれません。

〔鈴木卓〕

第9章-7
宇宙活動法

1 宇宙活動法の概要

宇宙活動法（「人工衛星等の打上げ及び人工衛星の管理に関する法律」）は、衛星リモセン法（第9章-8参照）とともに、2016年11月16日に公布されました（両法をあわせて「宇宙2法」と呼ぶことがあります）。

宇宙活動法は、主に次の3つの制度について規定しています（1条）。

① 人工衛星などの打上げに関する許可制度
② 人工衛星の管理に関する許可制度
③ 人工衛星やロケットの落下などで生じる第三者損害の賠償制度

2 宇宙活動法制定の背景

日本が1967年に批准した宇宙条約（「月その他の天体を含む宇宙空間の探査及び利用における国交活動を律する原則に関する条約」）では、宇宙空間における非政府団体の活動に対し、国の許可と継続的監督が求められています（6条）。宇宙活動法は、この宇宙条約の履行の担保と宇宙活動に関する民間事業を推進するための制度インフラ整備を目的として、制定されました。

3 宇宙活動法が規定する諸制度の内容

(1) 人工衛星などの打上げに関する許可制度について

人工衛星を日本国内に所在する施設から打ち上げる場合、事前に内閣総理大臣の許可を受けなければなりません（2条各号、4条1項）。

許可を受けるためには、人工衛星の打上げロケット、打上げ施設、打上げ計画の安全性が基準に適合していること、人工衛星の利用目的およ

び方法が宇宙活動法の基本理念や宇宙諸条約に則したものであることが求められます（6条1項各号）。

(2) 人工衛星の管理に関する許可制度について

　日本国内に所在する設備を用いて、衛星の位置、姿勢および状態を把握し、制御する場合、事前に内閣総理大臣の許可を受けなければなりません（2条各号、20条1項）。

　許可を受けるためには、人工衛星の利用目的および方法が宇宙活動法の基本理念や宇宙諸条約に則したものであること、人工衛星に機器や部品の飛散を防ぐ仕組みが講じられていること、宇宙空間に有害な汚染をもたらさないための措置を講ずることが管理計画に含まれていること、人工衛星の管理終了にともなう措置が適切に講じられていることなどが求められます（22条各号）。

(3) 第三者損害賠償制度について

　人工衛星の打上げにともなってロケットが落下するなどして第三者に損害が生じた場合には、打上げ実施者は、当該第三者に対して無過失責任を負います（2条8号、35条）。また、管理中の人工衛星が地表に落下するなどして第三者に損害が生じた場合には、衛星管理者が同様に無過失責任を負います（2条8号、53条）。

　また、ロケットが落下した場合には甚大な被害が生じるおそれがあることから、打上げ実施者には、所定の第三者損害賠償責任保険に加入するか、所定の金額を供託する義務が課せられます（9条）。さらに、保険などで賄えない損害について、政府が補償する制度もあります。

　他方で、管理中の人工衛星が地表に落下するなどして損害が発生する確率は低いことから、衛星管理者には、打上げ実施者に課せられるような損害賠償担保措置は求められていません。

〔澤田孝悠〕

第9章-8 衛星リモセン法

1 衛星リモセン法

「衛星リモートセンシング記録の適正な取扱いの確保に関する法律」（以下「衛星リモセン法」といいます。）は、衛星リモートセンシングによって得られるデータの悪用を防ぐことを目的として定められた法律です。今後、人工衛星から取得した情報を用いて事業を行う場合には避けては通れない法律といえます。

2 規制の内容

規制は大きく分けて、①衛星リモートセンシング装置の使用に関する規制と②衛星リモートセンシング記録の取扱いに関する規制の2つに分かれます。衛星リモセン法は、衛星の打上げなどの衛星そのものの物理的な運用を規制するものではなく、衛星リモートセンシングという活動内容（ミッション）を規律するものです。

(1) 装置の使用に関する規制＝許可制

衛星リモートセンシング装置の使用にあたって、当該装置の対象物判別精度（いわゆる「分解能」）が内閣府令で定める基準を超える場合には、当該装置の使用につき、事前に内閣総理大臣の許可を得る必要があります。取得される記録の精度が高いほど悪用された際のリスクも大きくなることから、精度の高い記録を収集する装置の使用は事前に規制しようというわけです。なお、内閣府令は、搭載されたセンサーの種類ごとに基準を定めているため、当該装置が規制の対象か否かは、使用するセンサーとの関係で検討が必要です。許可前の事前審査で考慮される要素はいくつかありますが、そのうちの1つに安全管理措置が講じられていること

という要件があります。ガイドラインなどを確認し、安全管理措置の実施体制を整える必要があるということです。なお「国内に所在する操作用無線設備」を用いた衛星リモートセンシング装置の使用が本法の規制対象ですので、日本国外のみに「操作用無線設備」がある衛星の操作、記録送信、記録の取扱いはいずれも規制の対象外となる点に注意が必要です。以上のほか、装置の使用者は、送信する記録の符号化処理義務、申請した軌道を外れた場合の機能停止義務、許可された受信設備以外の設備を使用しない義務、終了時の終了措置義務などの義務を負うこととなります。

(2) 記録の取扱いに関する規制＝認定制

　衛星リモートセンシングによって得られた記録のうち、規制対象となるのは、①何らの補正処理をしていない「生データ」および②補正処理を施し、かつメタデータを付した「標準データ」までであり、③高次の解析作業を施した「解析データ」は規制の対象外です。「解析データ」は、地形や大気の情報が抽出されるなど付加価値の付いたデータのことをいいますが、「解析データ」は高次処理によって不可逆的なデータとなっており、悪用の危険性が低いため規制の対象外とされているのです。なお、規制対象となる記録は「国内に所在する操作用無線設備」を用いた衛星リモートセンシング装置によって取得された記録だけですので、本法の規制対象外である装置によって得られた記録は、その精度にかかわらず規制の対象外です。以上の基準に照らして規制の対象となる記録は、原則として、許可を受けた衛星リモートセンシング装置の使用者、特定取扱機関または認定を受けた者の間のみで流通させることができます。したがって、衛星リモートセンシング記録を取り扱うためには、内閣総理大臣の認定を受ける必要があることとなります。

〔大島日向〕

参考文献等 >>>>>
- 新谷美保子「衛星リモートセンシング法の概説と衛星データ活用の未来」4-10頁（NBL1109号、商事法務、2017年）

コラム

学生たちの熱き宇宙開発
～宇宙科学技術立国の原動力～

「カンサット」や「キューブサット」をご存じですか。

350ml入りジュース缶サイズの「カンサット」は、1999年に初めて米国ネバタ州の砂漠で、アマチュアロケットグループの協力を得て、高度4kmまで打ち上げる実証実験をしました。「キューブサット」はサイコロ型の超小型人工衛星（10cm角の立方体、重さは1kg）で、2003年に世界最小の人工衛星として、ロシアのロケットに搭載されて打ち上げられました。

このいずれもが、当時、東京大学の中須賀研究室と東京工業大学の松永研究室の学生たちが、資金も経験もないなか、自らの頭と体力と気力、仲間を頼りとして、失敗に次ぐ失敗と幾多の苦難を乗り越え、手作りで制作して実際の運用に成功した、我が国の宇宙開発史に残る偉業といえます。

これら日本初のプロジェクトに青春をかけた工学部学生達のドキュメントは『上がれ！空き缶衛星』と『キューブサット物語～超小型手作り衛星、宇宙へ～』に描かれています。筆者は、読み進めていくうちに、あたかも研究室の一員になったかのような熱い思いを抱きました。また、「はやぶさ」のサンプルリターンに代表されるように、現在、我が国が世界に誇る宇宙科学技術の優位性の真髄は、宇宙工学の学生たちや研究機関によるたゆまぬ努力にあると感銘を受けました。

学生の実践的な教育活動の実現の支援に関しては、2002年に設立された特定非営利活動法人（NPO）のUNISEC（大学宇宙工学コンソーシアム）の活動があります。2018年7月現在、53大学・高専から74団体が参加し、学生会員は800名を超えています。UNISEC活動は、世

界中に広がり、2013 年に初めて開催された国際大会、「UNISEC-Global Meeting」を皮切りに、世界中の学生が宇宙開発を志すようになっています。これらの成果から UNISEC-Global は 2017 年に、国連宇宙空間平和利用委員会（COPUOS）のパーマネント・オブザーバーのステータスを取得しました。

　UNISEC は文系の学生も参加できますし、学生でなくても、企業研修など団体受付を行っている HEPTA-Sat Training Program（超小型模擬人工衛星を題材として、超小型衛星工学、システム工学の基礎をハンズオン形式により実践的に学ぶプログラム）の受講が可能です。

　文系の筆者も、HEPTA-Sat のデモンストレーションを受けましたが、机上の宇宙工学ではなく実践的感覚を養うことができる意義はもちろんのこと、自らの手で人工衛星の模型を作って実際に動かす体験に、子ども時代のように心が躍りました。

〔高取由弥子〕

参考文献等 >>>>>
- 川島レイ（2004 年）『上がれ！空き缶衛星』新潮社
- 川島レイ（2005 年）『キューブサット物語〜超小型手作り衛星、宇宙へ〜』株式会社エクスナレッジ
- UNISEC 大学宇宙工学コンソーシアム　ウェブサイト（http://unisec.jp/、最終閲覧日 2018 年 7 月 12 日）

おわりに

　この本を手にとられた方のなかには、宇宙ビジネス自体や宇宙法に興味があるものの、どこから手をつけてよいのかがわからないという方もいらっしゃるのではないかと思います。確かに、宇宙法と呼ばれる分野のなかには宇宙特有のものもあり、今までの仕事や勉強のなかで取り扱ってきた法律とは異なるものもあるかもしれません。宇宙条約などはその一例であり、本書で初めて目にされた方のなかにはとっつきにくいと感じた方もいらっしゃるかもしれません。また、宇宙ビジネスのなかには、宇宙資源開発やデブリ除去など宇宙空間ならではのものもあり、私たちが普段目にするビジネスとはその様相が大きく異なるようにみえるかもしれません。しかしながら、本書をお読みいただければ、宇宙法といっても、既存の法制度の枠組みを大きく超えた何か特別な領域が存在するわけではなく、あくまでも既存の法制度や法解釈の延長線上に位置付けられるものが多いということをご理解いただけるのではないかと思います。

　本書は、宇宙ビジネスに不可欠な宇宙法のおおよその全体像を把握するための道しるべとなる入門書を書きたいとの思いから執筆されました。そのため、本書では、なるべく幅広いテーマをできる限り平易に解説することに主眼が置かれており、1つひとつの項目の詳細まで言及できていないところもあります。したがって、実際に宇宙ビジネスを行おうとする場合には、より詳細な内容を把握することが必要になります。

　今後、より詳細で発展的な内容を学んでいただく際の大切な視点のひとつは、「宇宙ビジネス」を抽象的にとらえるのではなく、具体的にとらえることだと思います。宇宙ビジネスのなかには、デブリ除去、軌道上のサービス、宇宙資源開発、ISSなど、宇宙空間で完結するものと、通信衛星、衛星放送、リモートセンシングなど、宇宙空間で得られた情報

等を地上で提供するサービスに活用するものがあります。前者については、日本の国内法が適用される場面は限定的になりますので、必然的に条約や関連するソフトローの果たす役割が大きくなります。これに対して、後者については、宇宙特有の問題もある一方で、日本の国内法が問題となる場面も多くあり、既存の法制度・法解釈が、宇宙特有の問題を踏まえてどのように変容するのかを考えていくことが重要になります。

とはいえ、本書をここまで読み進められた方には、より詳細で発展的な内容を学ぶための準備がすでに整っているといっても過言ではありませんので、安心して先に進んでいただければと思います。そのなかで難しい問題に直面したときは、何度でも本書を手にとって、基本に立ち返っていただければ幸いです。

今後ますます発展する宇宙ビジネスに取り組もうとされている方々にとって、本書がその一助となれば、執筆者一同望外の喜びです。

2018年9月

プロジェクトチームを代表して
弁護士　齋藤崇

【著者紹介】

第一東京弁護士会 総合法律研究所 宇宙法研究部会

〈編集委員〉

高取由弥子	涼和綜合法律事務所	齋藤　崇	西村あさひ法律事務所
水島　淳	西村あさひ法律事務所	伊豆　明彦	西村あさひ法律事務所

〈編集事務局〉

木村　響	西村あさひ法律事務所	田代　夕貴	西村あさひ法律事務所
山本　峻暢	西村あさひ法律事務所		

〈執筆者〉（五十音順）

麻　祐一	関口・麻・石部法律事務所	有馬　潤	山本柴﨑法律事務所
石井　奈沙	裁判官	稲垣　航	ベーカー＆マッケンジー法律事務所
井上龍太郎	光和総合法律事務所	馬場　龍行	弁護士法人エース
大島　日向	長島・大野・常松法律事務所	岡本　茂久	マスミューチュアル生命保険株式会社
金子　磨美	野島潤一法律事務所	小林　永治	新八重洲法律事務所
澤田　孝悠	岡村綜合法律事務所	白井　紀充	TMI総合法律事務所
新谷美保子	TMI総合法律事務所	鈴木　卓	三菱商事株式会社
関口　瑞紀	丸市綜合法律事務所	関口　康晴	関口・麻・石部法律事務所
高橋　郁夫	駒澤綜合法律事務所	中村　翔	西村あさひ法律事務所
中村　竜一	岡村綜合法律事務所	中山龍太郎	西村あさひ法律事務所
鍋島　智彦	長島・大野・常松法律事務所	野原　俊介	光和総合法律事務所
畑中　淳子	畑中法律事務所	馬場　悠輔	弁護士法人飛田＆パートナーズ法律事務所
平田　省郎	弁護士法人大江橋法律事務所	藤井康次郎	西村あさひ法律事務所
藤野　将生	オリック東京法律事務所・外国法共同事業	藤本　博之	アンダーソン・毛利・友常法律事務所
松村　啓	東京ステーション法律事務所	溝口　懸	小堀球美子法律事務所
山本　浩平	弁護士法人中央総合法律事務所	吉村　実	弁護士法人ポート法律事務所
渡邊　弘	西村あさひ法律事務所		

平成30年11月15日　初版発行　　　　　略称：宇宙法

これだけは知っておきたい！
弁護士による宇宙ビジネスガイド
―New Space の潮流と変わりゆく法―

編　者 © 第一東京弁護士会

発行者　中　島　治　久

発行所　同文舘出版株式会社
東京都千代田区神田神保町1-41　〒101-0051
営業（03）3294-1801　　編集（03）3294-1803
振替 00100-8-42935　　http://www.dobunkan.co.jp

Printed in Japan 2018　　　　　DTP：マーリンクレイン
印刷・製本：三美印刷
ISBN978-4-495-46591-9

|JCOPY|〈出版者著作権管理機構 委託出版物〉
本書の無断複製は著作権法上での例外を除き禁じられています。複製される場合は、そのつど事前に、出版者著作権管理機構（電話 03-3513-6969、FAX 03-3513-6979、e-mail: info@jcopy.or.jp）の許諾を得てください。

第一東京弁護士会 関連書籍

Q&Aでわかる アンチ・ドーピングの基本

第一東京弁護士会 総合法律研究所
スポーツ法研究部会 編

A5判　152頁
定価（本体 1,600 円＋税）

同文舘出版株式会社